天合　地合
人合　己合
目善　言善
心善　行善

　　　　闍崇年

給人信心
給人希望
給人歡喜
給人方便

　　　　星雲

天下喻之

信信喻喻喻

署巧灬灬

信信喻喻喻

                    遥
                    珠

署署署信信

丿丿丿

高楼藜氷丶

心海忡忡

                    叹
                    作作

# 合掌錄

阎崇年
对话
星云大师

阎崇年　星云大师　著

增订版

在佛光山丛林学院为师生讲清史

九 州 出 版 社　JIUZHOUPRESS｜全国百佳图书出版单位

星云大师向崇年先生赠送张大千观音画
（2008 年 11 月，佛光山传灯楼法堂）

兄弟和合钟相连（2008年12月，佛光山大雄宝殿前）

和合钟声和谐音（2008 年 12 月，佛光山大雄宝殿前）

星云大师青年时代

崇年先生向星云大师赠送"康宁"条幅

不經一翻寒徹骨

怎得梅花撲鼻香

直饒熱得人流汗

荷花蓮恋也芬芳

星云大师书法（阎崇年先生收藏）

# 序

　　我和阎崇年教授结缘，是在二○○八年春。那年佛光山在扬州捐建的鉴真图书馆，开始定期举办"扬州讲坛"，延请两岸名家共襄盛举。阎教授也欣然应我们之邀，登坛讲演。

　　阎教授是历史大家，他在《百家讲坛》的讲座，事理圆融，影响可谓至巨。我不大看电视，有一次无意之间打开电视机，看到阎教授在讲明朝一代名将袁崇焕，讲得真是精彩。我不敢说有什么大修行，但对世间事，明白说也不太容易让我动心了，可是阎教授的讲说能触动我心里的感情，油然对一代忠臣良将的冤死生起同情，对历史兴起感怀。这样的因缘，让我起心动念，有了邀请阎教授讲学的想法。

　　那次阎教授扬州之行过后不久，我们在北京见面，我邀请他到台湾讲学，担任佛光大学历史学系和历史研究所的客座教授。承蒙他首肯应允，赴台三个月，让佛光大学的学子获益良多。

　　阎教授在台讲学期间，及至他返回大陆之后，我到大陆参访期间，我们有过多次会面谈话，在很多的看法、意见上，相互交流，无话不谈，彼此相得。这本书，就是多次对话之后的整理结集。据说出版以后，反响不俗，我甚感安慰。

　　在佛门里，合掌是将两只手掌合起来，十根手指头并拢，又称"合十"，表"合十法界于一心"。《华严经》云："合掌以为华，身为供养

1

具；善心真实香，赞叹香云布。"说再多的话，都不如双手合十表达内心的欢喜、诚意、感谢。透过合掌，人与人可以交心、互助、祝福。而悟到真理的人，禅心妙谛都在合掌中，我就是宇宙、大众，宇宙、大众就是我，人我一如，法界平等。

美国前副总统高登曾跟我说过，他很喜欢佛教的合掌，因为合掌的意义是世界上最珍贵的，它象征多元种族、多元信仰的融和，并且与美国立宪"和合、平等、幸福"的精神相符合。可见合掌的意义，实在是无限。

我很同意阎教授对书名"合掌"的解释。我们的对谈，一个史家，一个佛家，一个传史，一个弘法，一个来自海峡此岸，一个来自海峡彼岸，因缘际会，彼此相契，这又何尝不是一种"合掌"？

我和阎教授都出生农家，早年都经历战乱贫困，目睹了中华民族半个多世纪的悲喜分合。坦白说，我的政治意识不强，但对于爱国爱教，希望人民幸福安乐的思想却很浓烈。我对不同国籍、不同种族、不同信仰的大家，持"和合"的态度。我们佛家把人称为"众生"，意思是"众缘和合而生"，人与人，人与自然，人与社会，大小相融，一多不异。在一个地球之上，国与国之间也是彼此息息相关，互相依凭，互为关系。所以，我弘法一生，海峡两岸和世界的和平，是我一直以来努力追求的愿景。

在这里，谨借本书增订出版的机缘，重申我的这一祈愿。是为序。

二〇一六年十二月六日

# 目录

合掌录

——阎崇年对话星云大师

增订版

合掌录
——阎崇年对话星云大师
增订版

# 缘　起

　　《合掌录——阎崇年对话星云大师》的缘起，要从一个电话开始。二〇〇八年初春的一天，佛光山满耕法师在北京打来电话，说国际佛光会会长星云大师委托她送大师的传记《云水三千》给我，并要亲自送来。我们约定时间，满耕法师到达寒舍，送来星云大师亲笔签名的大书《云水三千》。我感谢星云大师的深情厚谊。满耕法师说，扬州有个鉴真图书馆，馆里举办"扬州讲坛"，大师请您前去做演讲。我欣然答应。满耕法师又说："演讲的题目，大师建议讲袁崇焕。"我说："既然是大师的意思，那就照办。"我们初步商定了演讲的时间和题目。在简短的谈话中得知，满耕法师在台湾大学获得学士学位、在美国西来大学获得硕士学位，在北京大学哲学系获得博士学位。

　　星云大师，心仪久仰。星云大师是扬州人，负笈南下，整六十年，法高望众，超凡脱俗，襟怀博大，慧识卓越，邀请我在春天到扬州，自然是件快乐的事情。

　　说起扬州，记忆美好。扬州地处长江、淮河交汇之地，京杭大运河枢纽之区，气候温和，景色优美，是中国历史文化名城。自隋唐以来，许多名人雅士，喜欢聚集于此，吟诗作画，以文会友。尤其在清朝康熙、乾隆鼎盛时，祖孙各六下江南，大量的苏商、浙商、徽商云集在此，车船交汇，富甲天下，扬州一时跃居世界十大最繁华的城市之列。所谓"天下三分明月夜，二分无赖是扬州"。水乡扬州，气韵清爽，垂杨绿柳，亭台楼阁，文物名胜，自然风光之旖旎，人文景观之优雅，尤其瘦西湖的园林与建筑之美，个园与何园之幽，有"园林之盛，甲于天下"的美誉。

我学习和研究明清史，自然想考察京杭大运河，也想去扬州一睹她的风采。一九六六年，我骑自行车从北京出发，沿京杭大运河考察，在扬州驻留，后到杭州，顺达绍兴，景仰禹陵。我在匆忙中领略了扬州的瑰丽风采，印象至深，记忆永铭。

扬州的春天，清丽而优美。白居易《忆江南》诗云："日出江花红胜火，春来江水绿如蓝"，不光"谁不忆江南"，而且"谁不爱江南"！李白在《送孟浩然之广陵》中绝唱："故人西辞黄鹤楼，烟花三月下扬州。"在"烟花三月"的美好季节，春暖花开，莺飞草长，柳枝飞拂，文气日盛，二〇〇八年四月五日，我到了扬州。当日，上午游览瘦西湖，中午在鉴真图书馆滴水坊用斋饭（午餐），下午做《崇焕精神　薪火永传》的演讲。演讲之前，星云大师从台湾高雄佛光山亲自给我打电话表示禅意，我自然至为感谢。电话中，星云大师希望我到台湾讲学，我敬示谢意，并说具体时间再商量。尔后，满耕法师又传达了星云大师约我去台湾讲学的口头邀请。

我曾于一九九二年、一九九七年、二〇〇三年和二〇〇七年，先后四次到台湾进行学术与文化的交流，对星云大师早有耳闻，但总没有机会谋面。二〇〇八年四月三十日下午，全国政协主席贾庆林在人民大会堂接见星云大师后，大师邀请我到国家大剧院见面，我很高兴地表示同意。陪同星云大师的有国台办、统战部的领导和国家宗教局叶小文局长等。到了国家大剧院门前，星云大师派满耕法师在门前接我。

星云大师和我见面后，他第一句话说："你在《百家讲坛》讲得好，我在学习。"又说："我邀请你到台湾讲学。"星云大师送我檀香佛像一尊、《佛光菜根谭》一册并签名，我回赠拙作《正说清朝十二帝》和《明亡清兴六十年》，也都签名盖章。星云大师接书后说："我要仔细拜读！"随后我同星云大师、同叶小文局长等分别合影留念。

见面时，星云大师再次邀请我去台湾讲学，最好是一年。我表示感谢，并说时间太紧；大师说那就半年，我又不好意思地表示今年已有安排；大师再恳切地说那就三个月罢！我便答应下来。临别时，星云大师又说："欢迎你到佛光山，到佛光大学担任客座教授。"我回答说："感谢星云大师的盛情邀请。去台的时间，我筹划一下，再作联络。"接着就是在星云大师的关切下，两岸双方办理我到台湾讲学的相关手续。

二〇〇八年十一月二日，承蒙台湾佛光大学人文学院院长兼历史学系主任、历史研究所所长李纪祥教授邀请，领受翁政义校长聘书，我来到了佛光大学，担任历史学系和历史研究所的客座教授。佛光大学是怎么回事？

星云大师提出要办一所佛光大学。办大学，哪来钱？星云大师是一介出家人，个人身无分文，他是一位"没有抽屉、没有钥匙、没有存款"的老和尚。佛教是从印度传来的，当年出家人有一句名偈："日中一食，树下一宿。"现在大部分的出家僧人，已经不是"日中一食"，而是一日三餐，不过佛门三餐有自己的称谓，早点和午餐叫做"过堂"（或"斋饭"），晚饭称作"药石"。在佛光山，早、晚餐是三菜一汤和多样主食，午餐是四菜一汤和多样主食，并都配有水果；也已经不是"树下一宿"，而是住进现代化城市的楼房。尽管这样，一座寺院要建一所大学简直是天方夜谭似的神话。但是，星云大师满怀信心，他要众僧祈愿信徒添油香（捐赠）。众人拾柴火焰高。星云大师说：办大学、办中学、办小学、办幼稚园，念佛的人不出钱，不念佛的人出钱——我这一生，都是这样。每位信众，自觉自愿，每人每月添油香一百元新台币（约合人民币二十五元），三年为一期，多者不限。这样，一位信徒每期添油香三千六百元（约合人民币九百元）。聚沙成塔，集腋成裘。添油香的徒众，超过百万人，共捐款新台币三十六亿元（约合人民币九亿元）以上。短短几年，佛光大学不仅成立，而且成为一所国际著名大学。

台湾以个人名字命名的大学有多所，如成功大学（郑成功）、铭传大学（刘铭传）、逢甲大学（丘逢甲）、中山大学（孙中山）、中正大学（蒋中正）、义守大学（林义守）、长庚大学（王长庚）、元智大学（徐元智）、玄奘大学（唐玄奘）等。大学正式成立之后，佛光大学翁政义校长建议把校名佛光大学改叫"星云大学"，星云大师表示不愿意。他认为办这所大学不是为了自己，学校也不是自己的，就连"星云也是假名，是一时的"。这如道家所云：明道若昧，道隐无名。他感谢功德主们的赞助与支持，至于自己，可以若昧，可以无名，而不扬名。但是，为建校作出贡献的功德主是必需铭恩，且贞珉留名的。

　　星云大师心胸博大，感恩为怀。他提出：凡是为佛光大学出资、出智、出力的，都是功德主。十一月十五日，在佛光大学怀恩馆，举行"佛光山二〇〇八年功德主会议（北部）"。说也奇怪，开会之前几天，天天下雨；开会这天，云开雾散，晴空万里，阳光灿烂。白天的大会我没有参加。会议组织者通知我去参加晚宴。我参加的国内外餐宴，可以说是数不胜数，这样的晚宴却从来没有出席过。餐桌像会议桌，左右分两列，一排联一排，中间为通道，主席桌在台上。我荣幸地被排在台上的主席桌就餐。每人一份精致的便当，便当盒为漆盒，异常精美，如工艺品。整个餐宴，禅乐伴奏，气氛肃穆。会后一天，我接到电话：星云大师请我到佛光山。

　　二十日，我应星云大师邀请到佛光山。我乘高速铁路即高铁火车，从台北站上车，行程三百四十五公里，九十分钟，到达终点站左营①。左营站距高雄市中心约三公里，现属于高雄市左营区。高雄是台湾南部最大的城市，有几个火车站，左营为其一，且成为台北到高雄的终点站。火车站有人迎接，登车后前往佛光山，住在朝山会馆。在佛光山期间，正好赶上"佛光山二〇〇八年万缘水陆法会"，男女信众，万

①　左营这一地名，学历史的人并不陌生，而对许多人则需稍作解释。因清朝在此地设营驻军，建筑城池，遂得"左营"之名。后来县城屡有移动，但左营始终是台湾南部的军政要地，至今尚有部分城墙和城东门遗址。清康熙六十一年（一七二二年），朱一贵叛乱平息后，署凤山县知县刘光泗在左营兴筑土城，外浚堑壕，是为全台最早的土城。乾隆五十一年（一七八六年），林爽文之乱攻占左营土城。五十三年（一七八八年）事平后，县治移到埤头街（今凤山市），是为新城。原左营县城成为旧城。嘉庆十年（一八〇五年）蔡牵焚掠新城，民意多愿迁回左营旧城。道光四年（一八二四年）有杨良斌之乱，知府方传燧于翌年重回左营捐资建旧土城为石城，是为全台首座石城。后县治又迁回埤头街，左营衰落。现存城门一座，门额正面题"凤仪门"，里面题"东门"。现今左营是高雄市属十一个区之一。

人上山，气氛浓烈，秩序井然。整个活动期间，没见一名警察、武警或保安。有两件小事，令我很惊讶。万人大会，露天会场，长达六小时，散会之后，广场没有一张纸片、一点垃圾、一个矿泉水瓶；会场的坐垫、椅子及杂物等，在三十分钟之内全部清净。万人大会，来自五洲四海的僧俗信众八方云集，星云大师格外忙碌，但他还是以出家人的祥和、亲切、热情、温馨，多次接待我，并同我恳谈。

此次在台期间，我同星云大师先后在佛光大学、在佛光山、在高雄、在台南、在彰化、在台中，六次会面，并五次聆听星云大师讲话（开示）；在佛光大学怀恩馆、佛光山传灯楼法堂、如来殿大会堂暨贵宾室、惠中寺贵宾室、新营讲堂贵宾室、彰化福山寺贵宾室、佛光山传灯会集会堂、办公室、麻竹园贵宾室等地，与大师进行了九次会面谈话。第一次和第二次是在佛光大学怀恩馆，共两次听他讲话，并两次同他交谈。第三次、第四次和第五次是在佛光山，谈话共达八个小时。第六次是同他一起到台中、彰化，整整一天，谈话、参观、共餐，十二个小时。第七次是在如来殿，第八次是在传灯楼的法堂，第九次是在麻竹园贵宾室。星云大师请我同他共餐六次。我们谈话时断时续地共计有二十五个小时。

其间，我应星云大师之邀，在佛光山为丛林学院师生讲授清史，分别以兴盛衰亡为题，做了四场讲座。又应星云大师之邀，分别在高雄、台南、嘉义、台中、台北、基隆、三重和宜兰，进行八场演讲，听众多时达千余人。

十二月三十一日早七点，我要离开佛光山，乘飞机回北京。早六点，我接到大师侍者通知，大师在麻竹园请我共进早餐，并为我送行。我赶到麻竹园见了大师，大师说：过腊八，特请萧师姑为你做腊八粥，给你送行。我很感谢，也很感动。大师说："虽然我们谈了多次，还是不够。希望安排个时间，详细谈，深入谈。谈的时间、地点由你定。"后来我和大师商量，在二〇〇九年春暖花开的三月，在星云大师的"佛光祖庭"宜兴大觉寺、在大师祖籍扬州的鉴真图书馆，继续对话。

二〇〇九年三月二十一日到二十三日在宜兴大觉寺，二十四日到二十六日在南京雨花精舍和扬州鉴真图书馆，我和星云大师继续六次对话，两次共餐。

以上十五次会见和八次共餐的谈话录音或记录，经过整理、修订、补充、编辑，汇为《合掌录——阎崇年对话星云大师》一书。本书的简体字本在北京出版，繁体字本在台湾出版。

参加谈话的先后有多人，其中插话的有：佛光山前教育院院长慈惠法师、佛光山教育院院长慈容法师、佛光山寺总住持兼宗委会主席心培和尚、佛光山都监院院长慧传法师、佛光山丛林学院院长慧宽法师、佛光山电子《大藏经》主任永本法师、国际佛光会中华总会秘书长觉培法师、佛光山电视中心主任觉念法师、佛光山传灯会执行长永融法师、佛光山司库长萧碧霞师姑、高雄市南台别院住持满益法师、台中惠中寺住持觉居法师、佛光山法堂书记室主任妙广法师、香海文化事业公司蔡孟桦执行长、宜兴大觉寺妙士法师和鉴真图书馆翁振进馆长等。

本书名为《合掌录——阎崇年对话星云大师》，"对话"好理解，就是两个人的对谈、交流；"合掌"的含义有三：一是海峡的此岸与彼岸，二是文化的佛家与史家，三是社会的弘法与传史，合掌相聚，对谈记录。

佛光山法堂书记室妙广法师、九州出版社周春编辑校理录音稿，佛光山教育院提供资料，有关朋友给予帮助，九州出版社编辑出版，谨表谢意！

感谢为本书出力的各位先生、女士和慈悲智者。

阎崇年

二〇〇九年四月五日于北京四合书屋

# 第一篇　苦旅

苦难的大时代改变了多少人的命运，但苦难也能锤炼出更具韧性的生命力。

——星云大师

人生是在忧患与安乐中流转，在忧患中要坚强，在安乐中要谦敬。

——崇年先生

# 初历苦难，祸兮福兮

**星云大师：**

　　民国十六年农历七月二十二日（一九二七年八月十九日），我出生在扬州江都一个穷苦的家庭。我有兄弟姐妹四人，我排行第三，上有一兄一姐，下有一弟。由于家境清寒，生活艰难，受不起教育；不过到了六七岁的时候，外婆还是把我送到私塾里读书。只是进私塾念书，一天要缴四个铜板，因此有钱的时候我就带着四个铜板去上课，没有钱就不去了，老师也能谅解。虽然因为家境的关系，父母没有给我上学读书的机会，但我还是感谢父母赐给我一个很好的性格，那就是我从小就很勤劳。

**崇年先生：**

　　民国二十三年农历三月十一日（一九三四年四月二十四日），我出生在山东省蓬莱县一个半农半渔的小山村。我的曾祖父、祖父、父亲三代都在北京打工，后来开个小店铺。我兄弟姐妹七人，一个姐姐和一个哥哥夭折，排行的有五人，我最小。我们兄弟，小时候在家，长大一点就要随父亲到北京去打工。家里吃饭还可以，但并不富裕。我在农村上正规的小学。学校是在民国时期建的，校名也很时髦，叫"维新小学"。就这一点来说，我的童年还是比较幸福的。但"福"中也蕴含着"祸"。这个"祸"，以后我再跟您说。

**星云大师：**

　　回忆起我的童年，六七岁时我就知道要帮忙做家务，我会烧煮饭菜，只不过煮得好不好吃就不知道了。那时家里的大人经常外出工作，而我又不能上学，只有关起门来整理环境，把家里打扫得干干净净。尤其厨房灶里的灰要不断地耙，因为煮三餐都是烧稻草，很容易就积了满灶的灰烬。我总是主动地把灰耙了，但常常弄巧成拙，弄得满地都是灰。这时我也会不厌其烦地慢慢把它扫干净，总想让家人回来一看，家里整洁又干净，带给他们欢喜。再说，我觉得人本来就要工作、要服务；不工作，那我来人间做什么呢？人活着就要劳动，劳动就是生命，所以我很尊重生命，我也乐于工作。

**崇年先生：**

　　我很有幸，小时候不做家务劳动，因为我有奶奶、有母亲、有姑母（她因孤寡常年住娘家），还有两个嫂子，家里有五位女性，所以家里洗衣做饭、打扫卫生等家务活不用我做。这看来是福，但也留下"祸"：我后来成家，也不做家务，直到现在还是恶习不改，这是我很对不起夫人的地方。

**星云大师：**

　　现在社会上很重视环保，回想起童年，其实我小时候就有"环保"的概念。当时我看到路上到处是狗子的大便，就利用早晨天还蒙蒙亮的时候，去捡狗子的大便，把它堆积起来，不但可以作肥料，还能卖钱。有时卖个几毛钱，甚至一块钱，因为生活艰苦，偶尔看到母亲没有钱买东西，我就把赚来的几毛钱掏出来给她，心里还得意地想："妈妈，您看，我很有用吧，我能赚钱给您用呢！"

**崇年先生：**

　　您讲了自己的童年生活，我很有感触。我小时候，放寒暑假时，每天早上天刚亮时就被大人叫醒："起来，拾粪去！"小孩子贪睡，总也睡不够。虽然困，也得起。特别是冬天，地冻天寒，北风狂吹，衣服穿得单薄，手都冻僵了。我那个时候拾粪没有"环保"观念，只是为了家里种地多积一点肥料。拾粪回来，大人要检查，看拾得多少。把拾到的粪倒在猪圈里做肥料，然后才能吃早饭。

**星云大师：**

农村里除了狗子的大便外，尤其早晚要放牛吃草，路上会有很多牛粪，所以我也会去捡牛粪。捡了就把它堆积起来，虽然年纪小，不过我懂得把它一点一点地用水搅和，再贴在墙上，晒干之后就可以当柴烧。牛粪不脏，也没有臭味，还可以卖个几毛钱。过去我一直不敢把这些事情告诉别人，觉得难为情，现在环保意识抬头，我觉得自己童年所做，不但减轻了家庭的经济负担，也是对环保的实践，同时也增强了自己的信念，那就是不论什么人，只要对公益有所帮助，都是非常有意义的。

**崇年先生：**

我们那里烧草，除庄稼秆外，孩子们要到野地去拾草，就是打草或搂草。拾草在晚秋和初冬，很辛苦，那时年龄小，又累又渴又饿；还有，早上要到海边拾海带——不是吃的海带，而是冬天用来烧炕的海草。这种海草，还可以用作苫盖房顶。前几年我在北京见到一座建筑，房顶用山东海草苫盖，说是有多么多么的高级。其实，我们老家这种海草房顶很普遍，多的是，因为村民大多盖不起房瓦，只好自己拾海带，积攒起来，以备苫房之用。拾海带是在冬天，气候寒冷，海风又大，这些都留下了深刻的记忆。

**星云大师：**

说起世间的苦难，我很庆幸自己十二岁时就在南京栖霞山出家。栖霞山是十方丛林，家师志开上人是栖霞山的当家，在这里为我剃度，只是一时的权宜之计，实际上我出家的常住，祖庭是在宜兴白塔山的大觉寺。

六十多年前，我曾回到宜兴大觉寺，并在那里做过短期的小学校长。没多久就来到台湾，当时除了手上拎着一个手提包，其他别无长物。回忆起这段往事，也不怕你见笑，我在民国三十八年（一九四九年）到台湾，距离三十六年（一九四七年）发生的"二二八事件"只有两年。当时我脚上穿着鞋子，手里拿着一个手提包，走在路上，所有的人都朝着我看。我觉得很奇怪，他们为什么都朝我看？"二二八事件"不是已经过去了吗？难道还要再彼此仇视吗？后来我才慢慢发现，他们并没有坏意，只是看我好奇怪，怎么穿鞋子、拿手提包？哦！原来是这样。于是我把鞋子脱了，手提包也不要了，两手空空，跟一般的台湾民众一样，大家也就不觉得奇怪了。但这样还是不行，因为我没有戴斗笠，于是又买了一顶斗笠戴起来。说这段话的意思，是说我当时决心要融入台湾社会。

**崇年先生：**

其实，我刚从山东乡下到北京上学的时候，也遇到相似的情况。我说话带口音，被同学嘲笑。怎么办？学吧！学北京话。不然，同学就叫你"老西子"。为什么叫"老西子"呢？原因有两个：一个我是山东人，阎锡山是山西人，一东一西正好对应；一个我和阎锡山都姓阎，于是同学联想，就叫我"阎老西子"。不怕您笑话，前不久，我们小时候的同学聚会，有的五六十年没见面，初见面想不起名字就叫绰号"老西子"，听起来还蛮亲切。当然，我拼命学北京话，慢慢地说话不带乡音，和他们一样，穿着也和他们一样，就完全融入老北京同学中间了。

**星云大师：**

由于家父是一个老实人，我们家有兄弟姊妹四人，父亲所赚的钱不敷家庭日用，所以生活过得很艰难。我的母亲是一个带有富贵命的女性，她不做事情，但很有头脑，专长是为人排难解纷。她的智慧很高，但也只是个普通人家的家庭妇女，没有受人重视。

**崇年先生：**

母亲对子女影响大，母亲是人生的第一个教师。我的母亲是一位内敛的、祥和的、有智慧的女性。我回忆我的长辈，给我影响最大的还是母亲，所以我最想念的就是我的母亲。由于工作和研究很忙，我很少照顾母亲，这是我人生的一大遗憾。随着年龄的增长，我愈来愈怀念我的母亲。

**星云大师：**

我在家里排行老三，上有一兄一姊，哥哥也不肯做事，他只喜欢读书。我的姐姐最近才过世，她也是很优秀，但是女性往往只能做做针线。家里日食艰难，也没有钱给她买针线。我记得在我八九岁的时候，就想要为家里赚钱。只是小孩能到哪里赚钱呢？不过，我还是能想到办法！

**崇年先生：**

我没有姐妹，只有四个哥哥。他们都在外面做事或读书，其中二哥青年故去，家里男劳动力就靠我一人。挑水、耕地、播种、锄草、收割、打场我都干过。一个小孩子，顶一个劳力，辛苦得很。回忆我的童年，就留下"辛苦"二字，但也培养了我的毅力和耐力。后来我遇到许多磨难，没有倒下，能挺过来，都得益于小时候的辛苦和磨难。

**星云大师：**

苦难的大时代改变了多少人的命运，但苦难也能锤炼出更具韧性的生命力。我从小生长在穷苦多难的大环境里，加上出家后接受佛法的熏陶，养成我"以无为有、以退为进、以空为乐、以众为我"的人生观。这是祸，更是福。

**崇年先生：**

　　其实，苦难对一个人，更多的是历练。我想起周文王的故事：殷纣王在羑里（今河南安阳）囚禁西伯（后来的周文王），并把他的长子伯邑考扣在殷做人质。后来纣王烹伯邑考做人肉羹，赐给文王，文王克制自己，喝下用儿子肉做的羹。"文王拘而演《周易》"，周文王在被囚期间，发明《周易》，后来起兵；他的儿子武王时，推翻殷朝，建立周朝。这说明：祸可以转化为福。

# 喜舍才快乐

**星云大师：**

　　在我十岁那年，中日战争爆发，日军在我的家乡到处杀人放火，平民死伤无数。尤其南京大屠杀就在我们扬州的边上，死的人更是不可计数。我曾多次在死人堆里逃过日本兵的追杀。战火把房屋烧了，我从碎瓦颓垣里扒出一些铁钉、铁条，甚至捡起烧坏了的香炉，集合起来也能卖钱。乃至乡下人吃的桃子、杏子，里面的核可以作药材，我捡拾桃核、杏核，也都能够卖钱。

**崇年先生：**

　　日本给我留下的记忆，就是扫荡、轰炸、杀人、搜查、抢掠。我们那里是"拉锯"地区，有时八路军在，有时日本兵来。我在上小学时演过一出话剧，名叫《锁着的箱子》。大意是一个受伤的八路军，被日军追赶，逃到村民家，村民把他藏在箱子里并上了锁。日本鬼子进家搜查，见地上有血，就逼着村民将受伤的八路军交出来。村民以杀鸡的血来敷衍搪塞。日军听到集合号后离开，村民成功地掩护了受伤的八路军。不久，日军扫荡，大人小孩都躲藏起来。我因演过这出话剧，所以担惊受怕，怕被日伪军按名单搜查出来，因此格外紧张。那次日军扫荡，村里一位乡亲被日伪军开枪打死，他躺在地上，流着鲜血。其实那个乡亲就是一个普通的老实的村民，见到日本兵吓得就跑，日本兵用日语喊话叫他"站住"，他也听不懂，只是更拼命地跑，最后被一枪打死。时隔六十多年，现在回忆起来，仍是惨不忍睹。我的一个亲戚，也在日军扫荡时，被丢下的炸弹炸死！

**星云大师：**

十二岁出家，是我人生最大的转折点。出了家，我真是"以无为有"，什么都没有了。记得在寒冬的时候，南京大雪飘飘，我没有棉衣穿。过去虽穷，母亲还不至于没有棉衣让我穿；出了家，什么都没有，师父也不会问这个事情，因此就这样我冷了一年又一年。有一次，有一个老和尚过世了，他有一件比较厚的衣服，也不知道什么样的因缘，这件衣服就分配给我。但是我看到另外一个同学也好冷，于是就把衣服给了他。那时候也不懂得什么是舍，只知道他可能比我更需要，就把衣服给了他。现在想起来，我比他富有，因为我肯"给"——"给人"是很富有的，"接受"的人才是贫穷的。贪心不能致富，喜舍才能多福。

**崇年先生：**

我的中学是在北京上的。当时家里很困难，靠"人民助学金"念的书。我们这些穷学生功课好，考上公立学校。同学穷的多，买不起牙膏、牙粉，就用食堂的盐粒放在杯里刷牙；买不起肥皂，就用手接着自来水抹抹脸。我至今洗脸不用香皂，就是这个时期养成的习惯。那时同学们互相帮助，就是"给"。您"给"与"舍"的思想，我很理解，令人敬佩！冬天的棉衣，我也需要，人也需要，舍己给人，这很可贵。您佛法做得这样大，就是您有给舍的大愿。

### 星云大师：

我跟随家师志开上人出家，十年间他跟我谈话的次数大概只有三、四回而已。有一天，家师很难得地找我去谈话，那是因为我受到一位师长责备，家师知道我受了委屈，便派人叫我去问话。在一番开导后，家师问起我的近况，我诚实地回答他："衣单不全，纸笔不周。"他说："你没有钱？要我给你钱用，这很容易啊！"随后他就端起一杯茶，说："我这吃茶的茶叶钱省下来给你，你也用不了，但我就是不给你。为什么？你现在不懂，不过将来会懂的。"

### 崇年先生：

当时您懂这话的意思吗？我想当时可能不懂，后来就懂了。苦练、磨难、艰辛、痛苦，这是大多数人必修的人生课程。我看过的历史人物传记，凡是历史上的杰出人物，要经过四个阶段的磨炼，正如《石灰吟》所说："千锤万击出深山，烈火焚烧若等闲；粉身碎骨浑不怕，要留清白在人间。"这首诗很有意思。下放的时候我到过石灰窑，看过工人怎么开山凿石，然后把敲碎的石头放到炉子里烧，这就是"千锤万击出深山，烈火焚烧若等闲"；我还做过灰瓦工，体察到：把白灰在水里一泡，真是"粉身碎骨浑不怕"，最后把白灰抹在墙上，就是"要留清白在人间"。

**星云大师：**

在那种贫穷、一无所有的情况之下，师父的话让我不懂，也不能信服。甚至心里还生气地想着："哼，不要讲好听的话！不给就不给，我也不会要的。"我确实不是很服气，不过现在回想起来，啊！真是伟大的师父，如果当初他给我，他会很快乐，所谓"喜舍"，给就有欢喜！不给，他反而很痛苦，因为他得熬住自己不给的痛苦。

**崇年先生：**

您从中得到什么教益？

**星云大师：**

"不给"两个字，对我一生最大的益处，就是养成我淡泊物欲和"不要"的性格。我一生没有储蓄的习惯，没有保险柜，没有抽屉，没有钥匙，也没有存折。我也没有购买的习惯，因为没有东西能诱惑得了我；对于身外物，我统统都不要，一切现成，一切满足。虽然以现代经济学的理论来说，要购买才能刺激经济发展，但在当时，因为"没有"，因为"不买"，才养成我淡泊的习性，这都是得益于伟大的师父的培养。

**崇年先生：**

您刚才说的"没有"、"不要"，我想起了《老子》的话："圣人不积，既以为人，己愈有；既以与人，己愈多。"这是说圣人不积蓄，给人越多，自己越多。您经济的拮据、身心的困苦，换来精神的富有、心灵的升华。

# 常怀感恩心

**崇年先生：**

您的感恩之心，从幼小时就受到家庭的培育。

**星云大师：**

是的，我们要感恩一切成就我们的因缘。我想到自己的母亲，一生勤劳节俭，为人正直热心，给了我很好的身教，所以我说父母留给我最大的财富，一是勤劳吃苦，二是正直做人，这些都是值得感恩的事。

小时虽然生活艰苦，但感谢父母培养我具有爱心，在佛门里叫"慈悲心"。我从小就很爱护小动物，当时家乡没有蚊帐，但是蚊虫又多，常常蚊子一飞过来，家人见了就"啪"地把它打死。为此，我常常向他们抗议："它只是吸一点血，罪不至死啊！你干嘛要把它打死呢？你把它赶了走，或用其他的方法防治不就好了吗？"

**崇年先生：**

是的。我小时候，祖母不让杀生。连蚂蚁也不让碾死，有苍蝇、蚊子嗡嗡，她也只叫轰走，不让打死！

这引发我想起童年时代的生活。我小的时候，最早受的是佛教的熏陶。我的祖母是一位慈祥、善良的人，信佛，每逢初一、十五，都要吃斋。她经常给我们讲佛教的故事，说为人要行善，"善有善报，恶有恶报"。记得我家的堂号叫"积善堂"。她经常讲：做人要忍——有人打你的左脸，你就伸给他右脸。这对我后来的为人处世影响很大。我曾经被整过，而且多次被整过。我当时的态度就是一个字——忍！

这个"忍"字帮助我度过了许多难关。有的人在"文革"期间不能"忍"，就自杀了！如果他们咬牙忍一忍，就挺过来了。所以，忍过寒冬，就是阳春。

**星云大师：**

我小时候也是因为外婆信佛的因缘，而能接触佛法。我四岁就会背《心经》，并与大姐比赛素食，看谁吃得久。由于外婆生性善良敦厚，待人慈悲，对我影响很大，所以我一生中最怀念的人就是外婆。

我从小就很爱护小动物，曾经养了两只小鸡，有一天下雨，雨水打湿了小鸡的羽毛，我怕它们受冻，于是把它们放在灶口烘干。谁知一只小鸡受了惊吓，反而跑进灶里面。等我把它一把抢救出来时，它的羽毛已被烧光了，下巴也没了，只剩下上喙。小鸡因此不能吃东西，三餐都由我用杯子喂它。如此养了一年多，欣慰的是，小鸡没有夭折，而且长大后可以下蛋，尽管蛋小如鸽蛋，但它总是活了下来。

又有一次，我的鸽子被别人诱飞走了，我一直想方法要把鸽子救回来，却是徒劳无功。我不忍心鸽子受苦，竟以跳水自杀的方式逼迫母亲想办法把鸽子赎回来。

我认为，一个人从小就要培养慈悲心。但是现在社会上，有些大人纵容孩童玩小鱼、小虾，摧残小生命，这样的孩子长大后怎能寄望他成为一个有爱心的人呢？所以小时候所受的熏陶和教育很重要，所谓"滴水虽微，可以穿石；星星之火，足以燎原"。一个不起眼的小火星，如果不把它扑灭，就有可能酿成燎原的大火；小时候生活上的一些小缺点，如果不给予矫正，长大之后，也可能成为人格上的大瑕疵，因此从小的"家教"很重要。

**崇年先生：**

我也想起小时候的故事。我家堂屋的梁上，每年春天都有燕子来筑窝。等生下小燕子，我们就养一只来玩。燕子很懂事，放飞之后，在天上飞翔、盘旋，我一喊它，就从天空飞来，落在我手上。我特别喜欢、爱护这只小燕子，等它长大，特别是到了秋天，就放了它，让它和同伴一起南飞。家长也特别叮嘱，千万不能伤害它。

所以，我认为一个人的品德教育要从刚懂事的时候做起，天长日久，潜移默化。我受的教育很杂，孩童时受佛教影响大，小学时受儒家影响大，上中学时受马列影响大，读大学时又接受一点道家的影响。现在年纪大了，阅历多了，思考深了，于人、于事就想得多一些。同样一件事，常从多个角度——儒、释、道、"马"去思考。

## 星云大师：

做人要懂得感恩，才能享受富足的人生。感恩就是佛性，感恩的世界很美丽，我一生就是因为容易感动，而且总想报恩，所谓"滴水之恩，涌泉以报"，后来我在佛光山、台北道场、台南讲堂等处都设立了"滴水坊"，就是取的这种精神。

感恩之心能生发为一股自我砥砺的力量。记得当初在宜兰北门口的念佛会，我成立了一个儿童班，大概有一千多人参加念佛。他们当然都很有善根，不过也要有人带动；为了引起他们参加的兴趣，因此我分给每人一张图卡及一颗糖果。这在当时也是很不容易的事，因为人太多了，但是为了这许多菩提幼苗，我总是尽力地为他们灌溉、施肥。

在儿童班的小朋友里，有一个十岁左右的小女孩，参加念佛时，背后还背着一岁左右的小妹妹。姐姐和妹妹俩一起称念"阿弥陀佛、阿弥陀佛……"不只姐姐合掌，连背在背后的一岁的妹妹也合掌。这一幕让我感动得热泪盈眶，心想："我星云，不好好地弘法利生，实在对不起大家。这么纯真、纯洁的信仰，我不能辜负他们。"

# 一句承诺，一生辉煌

**星云大师：**

从小我就懂得要一诺千金，因为这是做人的根本。

**崇年先生：**

我上小学的时候，偷着看些侠义小说，如《三侠五义》、《七侠五义》之类的，没有留下太多的印象，但受了书中侠义精神的影响，做事、交友要"一诺千金"，含糊不得。后来中国社会科学院的杨向奎先生建议并指导我研究清史，我接受了杨先生的建议，定了努力的方向，四十多年不动摇。

**星云大师：**

一九三九年，我十二岁，跟着母亲从江都出发，沿江浙一带，寻找在战火中失去联络的父亲。我与母亲走遍江苏、淞沪一带，始终没有得到父亲的下落。就在失落之际，路过南京栖霞山，看见一支军队正在出操训练，我一时好奇，停下来观看。突然我身后出现了一位寺院里的知客师，他问我："小朋友，你愿意出家吗？"我从小受到外婆的影响，早有信佛、拜佛的习惯，尤其是看到出家人的威仪庄严，总是心生羡慕，所以一听到"出家"二字，来不及思索就答应了人家。

**崇年先生：**

那是您"善缘"意识的一种反应，也是一种因缘。

我上小学时，村里文化最高的教书先生，是一位秀才，村里红白喜事都要请他。另外，奶奶、母亲、姑母虽然都不识字，但她们都很聪明，也都反复叮咛要我好好读书。我的兄长在村里上学，到年终发榜时，常常是名列第一。这对我后来走上读书之路也是一种因缘。

**星云大师：**

过了一个小时左右，我还在那里兴致勃勃地观看军队训练，一个人走到我身边对我说："当家师父找你。"在当时那种"人生地疏"的情况下，忽然听说有人找我，真觉得是个奇迹。我与母亲随那人走到栖霞寺前，我请母亲在外面暂歇，自己跟着走进了寺中。进入山门后，转了两个弯，来到一栋小楼上，一位三十岁左右，眉清目秀的法师，对着我微微笑，他问我："听说你要出家？我是这里的当家法师，你就跟我出家，好吗？"我看他慈悲善良，当即就说"好！"

答应之后，他说出家要取得父母的同意才行。我说我母亲还在外面，于是他要求我去问我母亲，如果获得母亲的同意，就把母亲请来和他见面。我找到母亲，跟她说我要在这里出家了，母亲说："不可以！我回去怎么跟亲人交代，怎么跟邻居说明？"

我一听，眼泪随即掉了下来。我说："我已经答应人家了，没有办法反悔了。"母亲没有办法，只好同意了，于是她含泪独自离去了。就这样，我在栖霞山出家，那一天是民国二十八年（一九三九年）二月初一日。后来才知道我伟大的师父的法号是"志开"上人，他是栖霞寺掌有实权的监院。

**崇年先生：**

为了一句承诺，大师付出了毕生的心血，也成就了一生的辉煌。

后来我到了北京。当时我父亲失业，母亲是家庭妇女，家里生活没有着落。父亲要我做事，挣钱养家，可我要上学。我父亲把我在北京的三位哥哥叫回来，请他们发表意见，想取得他们的支持。一位哥哥附和我父亲的意见，两位哥哥支持我读书。我父亲还算开明，问我的意见，我自然要读书，这样"三票"对"两票"，"通过"了我读书。于是，我走上了人生读书之路。在这条读书路上，也是为了"一句承诺"，我已经走了整整六十年。

**星云大师：**

人生就是如此，你读书是缘分，我出家也是缘分。我们都为自己的承诺，走过六十年、七十年的漫长人生之路。

## 千生万死，始获新生

**星云大师：**

在我一生中，多次与死神擦身而过。记得在童年的时候，那时候我还未出家，一年岁末冬残、年关将近之时，家里人都出去张罗过年的年货了，家里只留下我和哥哥。那年我八岁，哥哥十三岁。当时，哥哥说外面河水都结冰了，我一听很好奇，就想出去走一走。

我独自一人来到冰河上，兴高采烈地走着，忽然见到远处的地方好像有一颗鸭蛋，心中不禁暗自窃喜：鸭子在冰上生蛋，没有人发现，我可以去拿。我一步步走向"鸭蛋"，岂知这时忽然"轰隆"一声，整块冰块应声破裂，我整个人就这样掉进了冰窟窿里。原来冰"鸭蛋"就是冰即将破裂时的冰印，因为很像蛋的形状，所以我误以为是鸭蛋。

在冰里挣扎了多久，我已经不复记忆了，只记得我回到家门口敲门时，全身衣服上都是碎冰，哥哥开门一看，整个人都吓呆了。或许就像人家说的，命不该绝，要死都死不了。

崇年先生：

我也遇到许多坎，其中一次是死里再生。我小时候，得了一场大病，什么病也说不清楚。药方、土方用了不见好，病愈来愈重，骨瘦如柴，已经病危。家里大人用手在我鼻孔试了试，觉得没气了。我母亲就请人来，准备用草席卷走，送到"乱葬岗"（就是埋葬小孩的公共墓地）去埋了。来的人说等一等，先抽袋烟，我的姑母也说等一等，这样他们便抽烟说话，过会儿一看，似乎有点气，他们说再等一等，又过了大约一个时辰，居然缓过气来了，后来竟然奇迹般地好了。儒家说："死生有命，富贵在天。"富贵不一定在天，生死的确是有命。正像您刚才说的："命不该绝，要死都死不了。"


星云大师：

记得刚来台湾时，我在一个寺院里挂单，每天要拉一个"犁啊喀"（也就是木板推车），走四十华里的路去买米、买菜。有时候东西少一点，就骑脚踏车去买。那时候，我骑车的技术不好，骑在小路上，看到两个小学生走过来，我心里想："可能要撞上了，怎么办？"于是我大喊："让路啊！"一分神，车子就从三层楼高的地面翻落到水沟里，沟里全是石头。掉下去的时候，我的头是朝下的，真是惊心动魄、天旋地转，我觉得自己这次死定了。

几分钟过后，我发现"阴间"有黄土、有草坪、有树、有石头，跟人间一样。再摸摸耳朵、捏捏肌肉，"咦，这不还是我嘛！我没有死耶！"再看看刚刚骑的脚踏车，已经粉碎了！脚踏车粉碎了，我却一点伤痕都没有。后来我舍不得，就把脚踏车用绳子绑起来，扛在肩上，拿回去当废铁卖。记得在那天的日记中，我写道："平时是我骑脚踏车，今天是脚踏车骑我。"

**崇年先生：**

记得民国三十六年（一九四七年）我又得了一场大病。得的是什么病，至今也不清楚。我母亲同别人说是伤寒病。人瘦得不成形了，大约四十天没有下床，发高烧。那时候没有钱求医、买药，愣是硬挺着。后来可能是靠我母亲的善良，靠我家的积善，也靠个人因缘，总算闯过来了，才能见到大师。

我在第一次乘飞机飞越太平洋时，在机上感慨万千：回忆过往人生，大的坎有八次，虽没有坐牢，却也是劫难，但都闯过来了！

**星云大师：**

我现在已经年过八十了，类似这样走过"生死边缘"的经验，不只十次、八次。在国共内战期间，我曾被怀疑为"匪谍"，也曾被当成"特务"，几次入狱，险些被拉去枪毙；二十八岁时，医生说我的腿必须锯断，否则生命难保，想不到佛祖保佑，病况好转；五十四岁时，医生说我只剩两个月的生命，后来又在忙碌中不药而愈；我年近七十的时候，因心肌梗塞而被推进手术室，医生说只有百分之五十的把握，我很坦然地接受，因为我知道人生必须经过"千生万死"才能走过来。开刀完毕，在恢复室中醒来，回想过往种种，深感"千生万死"正是我一生的写照。

**崇年先生：**

人，千生万死，放下功名富贵不易，放下生死性命更难。佛家把人的死亡叫做"往生"，很有哲学意味。《孟子》说："尽其道而死者，正命也；桎梏死者，非正命也。"儒家更赋予死以道义价值。文天祥留下名言："人生自古谁无死，留取丹心照汗青。"有统计说，明季殉国者三千八百八十三人。这都是生命道义价值的体现。

**星云大师：**

　　人要进步，必须每天都要大死一番，天天死、天天生，能如此"千生万死"，让不好的陋习"死"去，才会进步。尤其人生有很多的"坎"，一次次的考验，都像历经"千生万死"一般，只有能通得过，才能重获新生。

**崇年先生：**

　　您曾引顺治皇帝的话："百岁三万六千日。"就是说在人间活了一百岁，也就等于三万六千个日子。过去，人生七十古来稀。人生百岁，少之又少。就算人能活百岁，也只是三万六千天。要经过疾病、饥寒、人际、事业种种磨难，也可以说是"千生万死"。透过磨难和生死，丰富阅历，升华智慧。您说过："缘具则成，缘灭则散。"成败都要有缘，就是要有机缘，要有条件。重要的是当下，该读要读的书，赶快去读；该做要做的事，赶快去做；该报要报的恩，赶快去报；该改要改的过，赶快去改。

**星云大师：**

　　其实，人生本来就是一直在"因缘果报"中流转，在"生死边缘"接受考验。有信心的人，无论生死危亡，一切尽付笑谈之中。

**崇年先生：**

　　《孟子》说："生于忧患而死于安乐也。"人生在忧患与安乐中流转，在忧患中要坚强，在安乐中要谦敬。一位贤者跟我说："大悲出思想，大喜易癫狂。"周文王因拘羑里，喝下纣王烹其长子做的肉羹，可谓大悲，而演《周易》；殷纣王剖比干、醢九侯，以酒为池、悬肉为林，可谓大喜，淫乱而亡。

# 让生命感动

**崇年先生：**

大师，听慈容法师说，您在南京机场要上飞机的时候，飞机驾驶员给您下跪、顶礼，这事情让我听了很惊讶，也很感动。

**星云大师：**

我再告诉你更多感动的事情。一个老美开飞机，开到中途就来跟我说："请您到我的驾驶舱。"驾驶舱在旁边，原本我想说只要看一看就好，没想到他说："坐在我的位子上。"要我坐在正驾驶的位子上。接着他说："看看虚空。"他要我这样做。

**崇年先生：**

看看"虚空"？

**星云大师：**

对。

**崇年先生：**

这是个美国的驾驶员？

**星云大师：**

是美国的驾驶员。有一次，有个年轻的中国驾驶员，他看到我坐在飞机上，就对我说："大师，我带您看玉龙雪山。"他带着我转了个弯，到雪山边欣赏雪景。当时全机的人都感到震撼，因为那个美景实在太好了。平常是不能这么做的，但他为了我特地弯到那边去。其实，我不喜欢这样，因为这是不对的，你不能用你的权力去这样做。后来我就跟他说，这样是违法的，飞行有航空路线。他说："我们也有个规矩，虽不是合法，但是也没有超越我的权力之外。"我问他为什么要这样做，他说："您是我的师父。"我说你答的不对，他就说："我在香港皈依大师。"

**崇年先生：**

很感人。他出格对待您，是对您的尊重与敬仰。

**星云大师：**

从美国回台湾要坐十几个小时的飞机，由于头等舱人少，有时候空中驾驶员就会临时把头等舱作为教室，要我说法。我就跟他说："这不行，你们不用去开飞机吗？"他说："现在飞机不是人开的，是机器在开，是定时的、定位的，没有关系。"

**崇年先生：**

这是对您的尊崇。我也碰到类似的故事，不过跟您这个不能比。一次我在吉林省吉林市新华书店，一个妇女抱了一个三个月大的小孩，买了我一本书让我签名。我说："签什么名？"她说要签孩子的名字，之后就告诉我孩子叫什么名字。我说："孩子多大？"答："三个月。"我就说："三个月！他又不识字，你写他的名字他也不知道啊！"她说："阎老师，我跟您说，您在电视台《百家讲坛》讲课，我是从怀孕就开始听了，一直到这孩子出生。等这孩子长大了、懂事了以后，我会告诉他，妈妈怀孕期间一直听阎老师讲课，这本书就给你作个纪念，你将来要像这里头的袁崇焕和康熙帝一样，要好好地学习，给人民做点事情，不要虚度年华！"

**星云大师：**

太好了！这是妈妈给孩子的胎教。

**崇年先生：**

学也不容易，这个孩子的学习，路途很长，要"博学之，审问之，慎思之，明辨之，笃行之"，才可能做出成绩，不辜负他妈妈的一片苦心。

# 第二篇　说史

历史的长河，就是生命的长河，历史是明镜，历史是老师，历史是有轨迹的。

——星云大师

士农工商，古今中外，大到国家、民族，小到企业、家庭，合则兴旺，分则衰败。

——崇年先生

# 女中英杰孝庄太后

**星云大师：**

　　庄妃嫁给皇太极时年龄很小。

**崇年先生：**

　　庄妃嫁给皇太极的时候是虚岁十四岁，刚懂事。庄妃的妈妈是蒙古科尔沁贵族。孝庄太皇太后在康熙二十六年（一六八七年）往生，享年七十五岁，这在当时算是高寿了。孝庄太后信奉藏传佛教，心地善良，行止有度，胸怀博大，慈悲智慧，是清朝一位杰出的女政治家。

**星云大师：**

　　皇太极为什么要娶那么多蒙古宫妃？娶一个就好了。

**崇年先生：**

　　满洲人的习俗，贵族一夫多妻，平民有妻有妾，相当于奴婢。皇太极一生后妃十六人，他建国号为大清时，册立的是"一后四妃"，都是蒙古族，都姓博尔济吉特氏（成吉思汗后裔）。皇太极会蒙古语，他们之间语言可以沟通。皇太极继承努尔哈赤联合蒙古的政策，他更重视"满蒙联盟"。

**星云大师：**

　　他们之间的关系怎样？

**崇年先生：**

前些时候，北京有个"国际协会"，主要成员是外国驻华使节和他们的夫人，分别在各国驻北京大使馆举行报告会，我多次受邀为他们做报告。一次，一位大使提出：皇帝三宫六院七十二妃，还有爱情吗？我说"有"。我举的一个例子是顺治帝与董鄂妃的故事，再一个例子是皇太极与宸妃的故事。皇太极关雎宫宸妃，是皇后的侄女、庄妃的姐姐，皇太极非常喜欢她。当她病重时，皇太极正在前线指挥作战，得讯后急忙策马兼程赶回。这时宸妃刚往生，皇太极抚尸大哭。出殡时，皇太极悲痛欲绝，来回路上，一路走，一路哭。回宫后，不吃不喝，日思夜念，不久得了一场大病。可见皇太极对于宸妃的死，是动了真感情的！宸妃天聪八年（一六三四年）同皇太极结婚，这时她已二十六岁，皇太极也已四十二岁，年龄不算小了。宸妃往生时三十三岁，这时皇太极已到知天命的年龄，还那么钟情，史书记载："上恸甚，一日忽迷惘，自午至酉始瘥。"就是说悲悼得昏迷，达六个多小时才苏醒。皇太极快五十岁了，对宸妃的往生还是如此的动情！

**星云大师：**

庄妃，也就是大玉儿，这个女人很能干。

**崇年先生：**

"大玉儿"是小说、电视剧里的名字，她的蒙古名字叫布木布泰，称她庄妃，又称她孝庄太后，再称她太皇太后。孝庄太后的确是女中的英杰。她跟慈禧不同，慈禧是在幕前，她是躲在幕后。在幕后是对的，在幕前，所有的矛盾都集中到你一个人身上，在幕后，你可以帮助出谋划策，运筹帷幄。所以在这一点上，孝庄比慈禧高明。

**星云大师：**

慈禧的学问、思想、宏观不及大玉儿。

**崇年先生：**

孝庄太后经历丰富，她在天命朝就出嫁，嫁给努尔哈赤的第八子、四贝勒皇太极。经过了天命朝、天聪朝、崇德朝、顺治朝、康熙朝五朝。在当时打天下的时候，她是跟着战火，从蒙古到后金，又从关外到北京，类似辽的萧太后。


# 多情天子顺治帝


**星云大师：**

你认为顺治还是没有出家？

**崇年先生：**

顺治帝是个既任性又脆弱、既多情又哀愁的人。他接连受到四次情感上的打击——爱子夭折、宠妃死亡、出家不成、保姆病故，他极度忧伤的精神垮了，他骨瘦如柴的身体垮了。董鄂妃死后刚过百天，"痴情天子"顺治，因患天花，医治无效，崩于养心殿。侍卫傅达礼等以身殉死。顺治帝死后百日，在景山寿皇殿，遗体被火化。所以，我认为顺治帝没有出家，归纳起来说，有这样一些理由：一是，顺治帝患天花有历史记载。二是，顺治帝病危时，翰林院掌院学士王熙起草《遗诏》，在《王熙自定年谱》里记载了这件事情。《年谱》记载：顺治十八年（一六六一年）正月初二日，顺治帝突然病倒，病情严重。第二天，顺治帝召王熙到养心殿，"命至榻前，讲论移时"。初六日子夜，顺治帝又召王熙到养心殿，说："朕患痘，势将不起。尔可详听朕言，速撰诏书。"王熙退到乾清门下西围屏内，根据顺治帝的意思，撰写《遗诏》，写完一条，立即呈送。一天一夜，三次进览，三蒙钦定。《遗诏》到初七日傍晚撰写与修改完毕，当夜，顺治帝就去世了。三是，顺治帝死后被火化，由茚溪森和尚主持。顺治帝临终前说："祖制火浴，朕今留心禅理，须得秉炬法语。"他要请茚溪森为他秉炬火化。四月十七日，茚溪森和尚在景山寿皇殿，为顺治帝遗体秉炬火化。茚溪森圆寂后，他的嗣法门人超德法师编辑他的语录《明道正觉茚溪森禅师语录》提到了有关的事情。所以，顺治帝是死了，而不是出家了。

**星云大师：**

他想要出家，头发也剃了，但是没有出成，最后出天花死了？

**崇年先生：**

是的。

**星云大师：**

顺治帝是几岁继位？几岁去世？

**崇年先生：**

顺治帝虚岁六岁继位，在位十八年，享年二十四岁，也是虚岁。

**星云大师：**

顺治帝的性格怎样？

**崇年先生：**

顺治帝的性格，看来比较任性，好端端一个大清皇帝，居然违反常理，要削发出家，是很不一般的。康熙帝从小就喜欢念书，顺治帝小时候不大喜欢读书，比较贪玩，到亲政后看大臣的奏章都有困难。他的性格，看来比较任性，情重于理，性重于礼，因此演出一幕一幕的悲剧，比如多尔衮的悲剧。

**星云大师：**

　　顺治帝和多尔衮的关系怎样？

**崇年先生：**

　　我想，顺治帝应当感恩多尔衮，在皇位争夺激烈之际，多尔衮支持顺治帝继位；在明亡清兴关键之际，多尔衮率军入关，清朝才能迁都北京；清定都北京后，多尔衮力挽狂澜，稳定大局。多尔衮是对清朝有大功劳的人，但是顺治帝后来与多尔衮的关系并不融洽。

**星云大师：**

　　多尔衮很能干。

**崇年先生：**

　　多尔衮在努尔哈赤十六个儿子里头，是最聪明、睿智、有才干的，所以封作"睿亲王"，就是聪睿的亲王。

**星云大师：**

　　但是多尔衮还是被排斥了？

**崇年先生：**

　　是这样子，多尔衮是在顺治七年（一六四九年）病死了。

**星云大师：**

他是在死后被顺治排斥的？

**崇年先生：**

多尔衮既是顺治的恩人，也是他的仇人。多尔衮死后，顺治帝就开始报复，宣布多尔衮十大罪状。罢黜封爵，籍没家产，没其府第，撤出庙享，毁其陵墓，诛其党羽。传教士卫匡国《鞑靼战记》一书记载说：多尔衮的坟被挖了，尸体被抛弃荒野，用鞭子来鞭尸，甚至于割下头颅，身首异地，还焚尸扬灰。多尔衮没有儿子，他弟弟多铎的儿子多尔博过继给他，顺治命多尔博归宗，让多尔衮断子绝孙。这说明顺治帝对多尔衮有咬牙切齿之恨。事后有两位大臣上疏颂扬多尔衮的功绩，请恢复其爵号。他们二人被论死，下谕流放到东北宁古塔。

**星云大师：**

后来又再恢复了？

**崇年先生：**

是的。到乾隆时候，事情隔了两代，已经没有那个恩怨，乾隆帝也看开了。乾隆帝说："朕念王果萌异志，兵权在握，何事不可为？乃不于彼时因利乘便，直至身后始以殓服僭用龙衮，证为觊觎，有是理乎！"意思是说：多尔衮如果想篡位，掌握兵权之时，什么事不能做，还要等到死后在棺材里穿龙袍？他要想当皇帝，有这种道理吗！所以，乾隆帝下令给多尔衮平反：复还睿亲王封号，配享太庙；按亲王陵寝规制，修其茔墓。多尔衮没有儿子，由他的侄子多尔博承袭王位，虽先已被革除，仍恢复亲王爵位。

**星云大师：**

或许我们不懂，是不是有这么一个说法，就是他和大玉儿的暧昧关系，让顺治皇帝感到不满？

**崇年先生：**

一种说法是顺治帝恨多尔衮欺辱生母孝庄太后，逼迫太后下嫁；另一种说法是政治怨恨。我认为既有多尔衮以势逼压年幼顺治帝的不满，又有朝政纷争的政治恩怨。万历皇帝对他的恩师、首辅张居正的处理就是先例。

**星云大师：**

政治恩怨。顺治跟董小宛有没有关系？

**崇年先生：**

我上世纪八十年代在美国做访问学者，看到高阳先生的名著《清朝的皇帝》。那时在大陆是看不到这部书的。他在书中考证董鄂妃就是董小宛。我考证，这不是一回事。

**星云大师：**

您能具体讲讲？

**崇年先生：**

董鄂妃（或称"栋鄂氏"）的身世来历有三说。一是官书《清史稿·后妃传》记载："孝献皇后栋鄂氏，内大臣鄂硕女，年十八入侍。上眷之特厚，宠冠后宫。"二是野史笔记说的董小宛。董小宛原为明末江南名妓，长诗词，善歌舞，成为江南名士、成吉思汗后裔冒辟疆之妾。野史说清军南下，董小宛被掳，带到北京，先留在王府，后纳入内廷。顺治帝喜欢，从孝庄太后处要到自己身边。幸好冒辟疆留下《影梅庵忆语》一书，知道董小宛比顺治大十四岁。冒辟疆是江南风流才子——见了陈圆圆便"欲仙欲死"；他也有魅力："凡女子见之，有不乐为贵人妇，愿为夫子妾者无数。"连堂堂正正的贵妇人都不做，却愿做冒辟疆的妾。冒辟疆结识董小宛时，董小宛十九岁，福临（顺治帝）才五岁。董小宛二十岁时到冒辟疆家为妾，这年顺治帝六岁。顺治帝七岁到北京做皇帝，这年董小宛二十一岁。

顺治二年（一六四五年），清军到江南，如果董小宛被清军掳掠不会早于这一年，那么这年董小宛二十二岁，顺治帝才八岁。可是，这一年冒辟疆患重病，董小宛伺候患病的冒辟疆："此百五十日，姬仅卷一破席，横陈榻旁。寒则拥抱，热则披拂，痛则抚摸，或枕其身，或卫其足，或欠身起伏，为之左右翼。"经过一年煎熬，冒辟疆的病好了。董小宛很不幸，二十四岁时，冒辟疆又病了，病得很重，二十多天，"勺水不入"。她在夫君的枕边脚旁，日夜伺候六十昼夜。这年顺治帝十岁。董小宛二十六岁时，冒辟疆三度患病，她三度伺疾。这年顺治帝十二岁。董小宛命运多舛，二十八岁往生。是真死了吗？有人说董小宛的坟头是假的，她没有死。可是当时名人陈维崧在冒辟疆原配夫人五十大寿著文说："视先生所爱之姬董，同于娣姒。姬没而哭之恸，且令两儿百衣治丧焉。"可见董小宛的确是往生了。这一年顺治帝十四岁，他同董鄂妃的恋情故事发生在董小宛往生五年之后。还有，董小宛终生没有生育，董鄂妃却生了一个儿子，虽说是夭折，也还是生育了。

**星云大师：**

董小宛先死？

**崇年先生：**

是，董小宛先死，比顺治帝早死十年。她死的那年，顺治帝十四岁。

**星云大师：**

我们只是猜想，不可能。

**崇年先生：**

从年龄推算，董小宛比顺治帝大十四岁，似乎也不大可能。

**星云大师：**

男女之事，不完全在年龄，明朝是不是有位皇帝与妃子的年龄相差很多？

**崇年先生：**

明宪宗成化帝朱见深的万贵妃比他大十九岁。《明史·后妃传》记载：成化帝"年十六即位，妃已三十有五"，万贵妃仍受到专宠，"六宫希得进御"。贵妃比皇帝年龄大的也有，这是一个特例。万贵妃同董小宛不一样，万贵妃早年长期在成化帝身边，昼夜厮磨，日久生情。

**星云大师：**

为什么用董小宛来比附董鄂妃？

**崇年先生：**

她们俩有共性吧！董小宛与董鄂妃都冠以"董"字，又都精于书法、知书达礼，还都勤劳节俭、娴于女红。

**星云大师：**

那肯定董鄂妃不是董小宛了！

**崇年先生：**

还有一说，很有意思。董鄂妃原是顺治帝同父异母弟弟襄亲王博穆博果尔的妻子。根据耶稣会士汤若望的回忆录和陈垣先生的考索，似乎就是顺治帝夺了他的十一弟襄亲王博穆博果尔之爱，但有学者提出不同意见。董鄂氏聪敏俊丽，明秀婉惠，诵经习书，善解人意，而博得顺治帝的宠爱。两人情意缠绵，火热爱恋。但事被博穆博果尔发觉，董鄂氏遭到夫君的严斥。董鄂氏受了委屈，找顺治帝哭诉。顺治帝闻知后，恨恨地打了博穆博果尔一个耳光。博穆博果尔心情痛苦、愤怒，但事情发生于当今的皇兄、皇上身上，是没有地方讲理的。于是，博穆博果尔只有两条路可供选择：一是忍，二是死——其结果都是死。博穆博果尔于顺治十三年（一六五六年）七月初三日，或是忧愤致死，或是自杀而死。襄亲王博穆博果尔死后，顺治帝在二十七日服满后，干脆将董鄂氏娶进承乾宫。

顺治十三年（一六五六年）八月二十三日，十八岁的董鄂氏被册立为贤妃，不久晋封为皇贵妃。这年顺治帝十九岁，董鄂氏十八岁，而董小宛已经死去五年，如果活着也已经三十三岁了！顺治帝本意是要封她为皇后，但因刚废一后、再立一后，不便将董鄂氏立即封为皇后。他要等待时机成熟，再晋封董鄂氏为皇后。第二年十月初七日，董鄂氏生下一子即皇四子。顺治帝非常高兴，认为这回可有了皇位的继承人。但事有不巧，小皇子出生三个月，未命名，便夭折，追封为荣亲王。这对于本来就感情脆弱的顺治帝来说，打击非常沉重。顺治帝视董鄂氏为国色天香、红粉知己，可谓"长信宫中，三千第一"，六宫无色、专宠一身。两人春梦刚三年，皇贵妃撒手绝人寰，才二十二岁。

**星云大师：**

顺治帝出家和董鄂妃的死有关系？

**崇年先生：**

是的。顺治帝得知董鄂妃往生的噩耗，悲不欲生，寻死觅活，想要自杀，不顾一切，孝庄太后不得不派人昼夜看守着他，使他不得自杀。顺治帝五天不上朝，追谥董鄂妃为孝献章皇后，还在景山建水陆道场，大办丧事。他命将宫中太监与宫女三十人赐死，让他们在阴间侍候孝献章皇后董鄂氏。下令全国服丧，官员一月，百姓三日。茚溪森和尚在景山主持董鄂后火化仪式，顺治帝为董鄂氏收取灵骨（也就是骨灰）。顺治帝请学士撰拟祭文，稿呈上后，"皇上阅之，亦为堕泪"。看来是动了真感情！

**星云大师：**

这许多人奇怪了，过去怎么都这么年轻就死了，在我们想不可能。

**崇年先生：**

是这样子的，关外的人最怕传染病。我有一个同学是北京大学医学院毕业的，他去了青海藏族地区做医生。他回来跟我说："在那里做医生很简单，对发烧感冒、患炎症的病人，打一支盘尼西林（就是青霉素）烧就退了。"他们把内地去的医生看作"活菩萨"。中原地区不行，小孩子都有一种抗体，对一般的细菌、病毒打青霉素不大管用。边疆的少数民族不同，当时他们最容易得什么病呢？就是天花，而且是很严重的。一得天花，当时没有特效药，还会传染，很可怕的。

**星云大师：**

哦，原来是这样子。

# 千年一帝说康熙

**星云大师：**

康熙帝的母亲很早就死了，谁照顾他呢？

**崇年先生：**

有他的祖母孝庄太后，有孝庄太后的陪嫁女苏麻喇姑，有庶母，还有保姆、太监和宫女等照顾他。

**星云大师：**

乾隆帝到底是满人还是汉人？

**崇年先生：**

正史说乾隆帝的母亲是满人。不过现在有一条新史料、一项新研究表明，乾隆帝的妈妈是熹妃，姓钱。档案记载：雍正做皇子的时候，乾隆帝的母亲是格格钱氏，雍正登极做皇帝后，册封格格钱氏为熹妃。但在后来的档案、史册中，熹妃钱氏却变成熹妃钮祜鲁氏。"钱氏"应当是汉人，满人没这个姓；"钮祜鲁氏"则一定是满人。应当说，熹妃在雍正朝、在大清朝只能有一位，不能重名。看起来，乾隆帝的母亲是汉人还是满人，是一桩历史疑案，值得研究。

**星云大师：**

有人说康熙帝气质很好，这我们就不懂，历史上看得出他教养很好吗？

**崇年先生：**

康熙帝这个人很奇怪，就是从小就喜欢看书。康熙帝刚一懂事的时候，便如痴如醉地看书。一天，他祖母孝庄太皇太后怕他累坏了，便把书藏起来，他七找八找把藏的书找出来接着读。后来读书过累，曾经咯血。康熙帝从小真是喜欢书，史书说他天性好学，这话并不夸张。他回忆自己读书的经历说："朕自幼好看书，今虽年高，万几之暇，犹手不释卷。诚以天下事繁，日有万几。为君者，一身处九重之内，所知岂能尽乎？时常看书，知古人事，庶可以寡过。故朕理天下事五十余年，无甚差忒者，亦看书益也。"

**星云大师：**

康熙帝擒鳌拜的时候，年纪多大？

**崇年先生：**

智擒鳌拜，康熙帝那个时候才十六岁，虚岁十六岁，周岁十五岁。鳌拜是四朝（天聪、崇德、顺治、康熙）元老、辅政大臣，还握有兵权，擒鳌拜不是件容易的事。

**星云大师：**

康熙帝没有把他杀死了吗？

**崇年先生：**

没有杀。康熙帝这个皇帝讲仁政。鳌拜是很霸道的，是四朝老臣——在康熙帝他父亲、他爷爷、他老爷爷的时候，立过大功，受封号"巴图鲁"，就是英雄的意思。康熙帝擒扑鳌拜后，问他还有什么话要说，鳌拜恳请："臣罪该万死，但在搭救太宗御驾时，在自己身上留下了伤疤，求免一死。"康熙帝说免死监禁，后鳌拜死于监所。换个皇帝的话，肯定是要杀的。鳌拜在康熙他爷爷（皇太极）打仗碰到危难的时候，护驾受过伤，这是不得了的大恩大德。康熙帝抓了鳌拜，只惩治鳌拜死党，没有扩大化。

**星云大师：**

我一直觉得，有些人老是在搞种族撕裂，可是反观清朝康熙皇帝，他就努力地在做民族和谐的事情。

**崇年先生：**

是，尽量地在促进民族融和。所以我很赞成大师的"和合"、"和平"、"和睦"的观念。

**星云大师：**

"和"好。一个满族人要统领有几千年文化的汉人，尤其汉族有那么多的知识分子，并不是那么容易。

**崇年先生：**

汉族有那么多的高士、雅士、名士、绅士，用今天的话来说就是高级知识分子。他们开始大多不服，后来慢慢就服了。有些反抗很厉害的汉人，后来也服了康熙帝。康熙帝主要不是以力服人，他是以理服人。以理服，才能服人心。

**星云大师：**

在我看来，历代的皇帝多数都不好，掳掠、暴虐、懒惰、主观，真是压在人民的头上。他以为天下就是他的，他是至高无上的，生来就可以"君要臣死，臣不得不死"。历史上的好皇帝实在太少。其实做皇帝，只要以人民的好乐为自己的心，就会受到人民的爱戴。像唐太宗，虽然性格上的弱点还是很多，但基本上他能以民为重，所以在历史上可称一帝。您说"千古一帝"，是指唐太宗还是康熙帝呢？

**崇年先生：**

我是这么说的。我到美国去，遇到一位老先生，他是满族人，说康熙是"千古一帝"。我说那汉武帝、唐太宗怎么看啊！我说康熙是"千年一帝"。

**星云大师：**

您说康熙是"千年一帝"，怎样说？

**崇年先生：**

我说，我们中国有文字记载的历史是三千多年，第一个一千年，称王不称帝，像商纣王、周文王、周武王。称帝的历史两千多年，从秦始皇到宣统。

这两千年分前一半后一半，前一半，可论说的有秦始皇，称帝时间不长，只十二年，虽完成六国统一，"车同轨、书同文"，但征发徭役、焚书坑儒，激起民变，流毒千古！第二个是汉武帝，虽雄才大略，但后期有"天汉民变"，宫廷也出问题，不是一个太平盛世。所以，前一千年可称的就是一个唐太宗。这话也不是我说的，《旧唐书·太宗本纪》说："千年可称，一人而已！"

后一千年，我算了一下，一共八朝九十个皇帝。北宋九个皇帝，南宋九个皇帝，辽十个皇帝，金九个皇帝，都是半壁山河；西夏十个皇帝，偏隅西北；就剩元、明、清。元朝十五个皇帝，成吉思汗"弯弓射大雕"，他很伟大，但是没有在中原称帝，底下就是元世祖忽必烈，他定都北京，虽武功可称，但文治不足。

**星云大师：**

只有武功，没有文治。

**崇年先生：**

明朝一共十六个皇帝。第一个是朱元璋，朱元璋是了不起，把蒙元统治推翻了，但"胡惟庸案"、"蓝玉案"等，诛杀过滥，遗毒后世。胡惟庸，左丞相，案发，诛杀一万五千多人；蓝玉，梁国公，案发，"磔于市，夷三族，彻侯、功臣、文武大吏以至偏裨将卒，坐党论死者，可二万人。"朱元璋"胡蓝之狱"案件，《明史纪事本末》记载："株连者四万，失侯者二十，周内深文，亦云惨矣！"

**星云大师：**

奇怪，杀人怎么这么轻率！世间最宝贵的就是生命，生命应该受到尊重啊！滥杀人、滥害人实在是最恶劣的行为。

**崇年先生：**

有人说朱元璋晚年性格有了变态。之后就是永乐皇帝。燕王朱棣发动"靖难之役"，攻占南京，夺取皇位，年号永乐。

永乐在位二十二年，迁都北京，亲自北征，史有功绩。他夺取皇位后，在南京找了几个史官，问道：你怎么看我这件事？史官说一个字"篡"！永乐还不错，没有杀他们，只是生气。后来又找一个史官问，回答还是一个字"篡"！之后，他就不再找人问。

在"靖难之役"后，他也是杀人太多，也太残酷，残过其父。史书记载，他从北平发兵时，僧人道衍跪着秘谏说："南京有位方孝孺，素有学行，武成之后，必不降附，请勿杀之，杀之则天下读书种子绝矣！"朱棣点头答应。攻下南京后，方孝孺果然不降，朱棣大怒，命用刀豁开嘴角到两耳，还是不降。命将其寸磔，诛其十族，连坐死者八百七十三人。原兵部尚书铁铉不降，割其耳鼻，挖身上肉，煮熟放到其嘴里，又投入油锅炸，最后寸磔之。还有敲掉牙齿，断其手足，甚至杀人之后，把皮剥下来，以人皮楦草，过于残暴！"暴秦之法，罪止三族；强汉之律，不过五宗"，朱棣竟然株连十族！这能够上"千年一帝"吗！

嘉靖在位四十五年，他信道教，严嵩专政，"庚戌之变"，蒙古军队打到北京，天下也不太平。

万历在位四十八年，前十年是张居正辅助他，第二个十年还做了一点事（史称"三大征"），万历二十年之后，近三十年不理政事，就是"六不做"——不郊（不祭天地）、不庙（不祭祖）、不朝（不上朝）、不见（不接见大臣）、不批（不批答奏章）、不讲（不御经筵）。

**星云大师：**

为什么不批？你可以不做皇帝就好了？

**崇年先生：**

他干脆把位子让出来，或者就在后宫享乐也行，但他没有这么做，就是奏章不批，皇帝照做。

**星云大师：**

您将来可以写一本书，叫做《皇朝的得失》，他们的得失，怎么样影响自己，影响社会，影响国家。把这许多得失作为一面镜子。

**崇年先生：**

明朝没有了，接着就是清朝。努尔哈赤开国，没有看到统一；皇太极五十二岁过世，也没有看到统一。顺治帝看到统一了，二十四岁就往生了，前期主要是多尔衮在摄政。

康熙帝在位六十一年，《清史稿·圣祖本纪》对康熙帝有个评价："早承大业，勤政爱民，经文纬武，寰宇一统，虽曰守成，实同开创焉。"

**星云大师：**

康熙帝学西学，后来呢？

**崇年先生：**

康熙帝引进西学，学习西方很好，但没有形成制度，结果人亡政息，他故去之后，这些就没有了。他如果建立制度就好了，就可以后代延续下去，所以制度很重要。

**星云大师：**

还有乾隆呢？

**崇年先生：**

清朝皇帝在位六十年以上的只有康熙和乾隆。乾隆帝在位六十年，当太上皇三年多。但是，乾隆朝西方世界发生大变动：英国工业革命，法国大革命，美利坚合众国建立。乾隆皇帝高傲自大，故步自封，乾隆中期发生王伦民变，天下也不太平。所以，乾隆帝够不上"千年一帝"。

# 太平天国论成败

**星云大师：**

现在来看太平天国起义，应该是成功的，他就是被耶稣教给害了。他们不敬祖先，令中国的孔孟士大夫不能接受，因为和中国文化不能相应，所以才有曾国藩、左宗棠这一帮维护孔孟伦理的人站出来。

**崇年先生：**

您说得有道理。太平天国打到南京，有成功的一面，也有不成功的一面。太平天国败亡，文化是一个原因，但还有其他原因。他到南京建立政权之后，内部斗争，互相排斥。

**星云大师：**

他们以权力来封王，功赏不均。基本上，太平天国是造神运动，杨秀清把洪秀全抬出来，说是上帝的儿子、耶稣的弟弟"天王"，假神权做人间的威权、王权，这不近人情。所以佛教以人为重，人间佛教以人为本，不无道理。

佛教是人本的宗教，佛陀在各种经论中都一再强调"我是众中的一个"，表示他不是神。佛陀没有权威，他是真理，是我们的心；每一个人的心中都有佛。一个人"心中有佛"，眼里看到的都是佛的世界，耳朵听到的都是佛的音声，鼻中嗅到的都是佛的气息，口里所说的都是佛的语言，身体所做的都是佛的事情。所以，神与佛还是有所不同，因为佛是我们自己，但神是别人。

**崇年先生：**

太平天国，洪秀全不许别人结婚，他自己纳妾很多，有的书中说一千多个。

**星云大师：**

这样的理论不能得到平衡嘛！还有，他下令一般男女不能有情爱关系，否则就要遭受死刑。那么，他有上千个妻妾，岂不是应该千刀万剐了？

**崇年先生：**

要人做，先己做。

**星云大师：**

"己所不欲，勿施于人。"人同此心，我们自己不要的，加诸别人身上，对方又怎么会欢喜呢？所以，你自己做得到的，才可以叫别人也这样做。同理心是建立人我平等的要素，一个社会如果推动同理心，那么社会就没有"以强欺弱、以富笑贫"的事情发生了。

**崇年先生：**

儒家的话，洪秀全不听，可听"天王"的呀，他也不听。

**星云大师：**

佛教在历史上发展的过程，也应该找出它的兴亡得失之处。

**崇年先生：**

我认为：士农工商，古今中外，兴盛衰亡的道理，有相通相融之处。

**星云大师：**

历史是前车之鉴，后世之师！历史是一面镜子，在历史的镜子里，贤人的忠心报国、舍己为人，都是我们学习的榜样，多少君主的暴虐无道、倒行逆施，也都是我们借鉴的镜子。从历史上这许多人物的何去何从看来，我们还会不明白兴衰得失的道理吗？

**崇年先生：**

历史上的兴衰、治乱、分合、得失，都有宝贵的经验和教训。当权者理应吸取历史的经验和教训，但是当权者往往并没有吸取历史教训，权力在手，利益所在，颂声充耳，为所欲为。

**星云大师：**

过去说"得人者昌"，心中有人，何患事业不成？"人"就是大众的、社会的、公天下。有的人心中所想只有钱财，把财富看得比道义重要；有的人眼中只看到名位，丝毫不在意人格如何；有的人心中自私，只有个己，没有他人。其实，心中没有人，自己还是个人吗？尤其作为一个政治人物，一定要有大格局，要能包容很多的不同。一个人能包容一家，他就可以做家长；能包容一村一里，他就可以做村长里长；能包容一县，他就可以做县长；能包容一国，他才能做国家的领袖。因此，当权者心量要开阔，眼光要放远。

**崇年先生：**

得人心者，得天下；失人心者，失天下。这是古今中外颠扑不破的真理。

**星云大师：**

是的。每一个时代，都有许多为公而忘私的圣贤，例如孙中山先生倡导"天下为公"、范仲淹的"先天下之忧而忧，后天下之乐而乐"、孔孟主张仁政等，都是以大公无私实现政治抱负的典范。人世间，凡事只为自己，都非常渺小；能够为公、为众，就能伟大。我觉得历史对人生很重要，现在我们的社会忽略了历史，就是忽略了人生的经验、人生的过去。历史是生命，历史的经验，很值得借鉴。

**崇年先生：**

您这个观点很好，历史就是生命，是过往人的生命。历史的经验，很值得借鉴。司马光在《资治通鉴·进书表》里说："鉴前世之兴衰，考当今之得失，嘉善矜恶，取是舍非，足以懋稽古之盛德，跻无前之至治，俾四海群生，咸蒙其福。"言辞恳切，道理深邃，但宋朝皇帝没有接受历史的经验和教训，宋徽、钦二宗，被俘北国，悲死异乡。

**星云大师：**

历史的长河，就是生命的长河。历史是明镜，历史是老师，历史是有轨迹的。

**崇年先生：**

过去人们总觉得历史是凝固的、僵死的东西。

**星云大师：**

一些人以为历史是祭祀的，不是活的。现在很多人看历史，都不觉得历史在影响我们。

# 农民义军二雄杰

**星云大师：**

李自成、张献忠有何不同？

**崇年先生：**

李自成和张献忠都是陕西人，但乡里不同：李自成为米脂人，张献忠为定边人，都在陕北。两人同年生，都在明万历三十四年（一六〇六年）生，却不在同年死——李自成死于顺治二年（一六四五年），活了三十九岁；张献忠死于顺治三年（一六四六年），活了四十岁。他们都出身贫苦，有书说李自成曾出家为僧，后又返俗。

他们活动的区域不同：虽然有合，如联合攻打安徽凤阳，焚毁明朱元璋的祖陵；但更多为分，没有隶属关系，李自成重点在黄河中游地域，陕西、山西、河南、河北等地区，也到过湖北；张献忠重点在长江中游地域，湖南、湖北、四川等地区。

他们都建立政权，但建号、年号不同：李自成在西安建大顺政权，年号永昌；张献忠在成都建大西政权，年号大顺。

他们历史地位不同：李自成攻占明朝首都北京，逼迫崇祯皇帝煤山自缢，大明皇朝灭亡；张献忠只在成都一隅称帝。

他们都算"流寇主义"，都没有巩固的基地。

张献忠杀人更多一些，尤其是杀士人。《明史·张献忠传》记载："诡开科取士，集于青羊宫，尽杀之，笔墨成丘塚。"当然，《明史·张献忠传》记载有夸大，如说张献忠"共杀男女六万万有奇"。当时明朝人口总数可能不到一万万，显然是杀人的数字夸大了。

**星云大师：**

他们既是农民起义，应该都是贫苦大众，为什么要杀人？

**崇年先生：**

是这样的，他带了一批人到村子里头，杀富济贫，开仓放粮，大家就有饭吃了。吃完了怎么办？再往下走一个村，把那村的富人再杀了，仓粮、珍宝、衣物、财物，大家分了，然后又继续往前走，所以他成不了事。努尔哈赤为什么能成事？他有一个基地，在辽河地方他有一个都城，有个首都，军队有组织，粮饷有着落。

您这个佛光山非常重要，就是一个基地。没有一个基地，光是游僧托钵、化缘不行。佛光山这基地对弘扬佛学，对国际佛光会的发展太重要了。李自成也好，张献忠也好，他们败的原因很多，其中一个重要原因，就是没有基地，进退无据。大家走到一个村子，再一起往前走，所以李自成都说他一百万人，其实很多是老太太、老爷爷、妇女和小孩子，因为没饭吃，就一直跟着他走，每到一个地方就开仓放粮，但要打起仗来的话，这一百万人怎么打？天也救不了你李自成。

**星云大师：**

他们的时间同时吗？

**崇年先生：**

大体同时，他们起事的时间不同：李自成在崇祯二年（一六二九年）起事，张献忠则在崇祯三年（一六三〇年）起事。他们走下历史舞台时间不同：前后相差一年。但是，李自成比张献忠早一年起事，早一年死亡，因此，他们在明末军事舞台上表演的总时间却相同，都是十六年。

当时是"大旱三年，赤地千里"，老百姓没饭吃，崇祯帝也不救济，崇祯帝开始说没有银子，后来把皇宫打开以后，却发现皇宫的银子很多。崇祯帝非常吝啬，不肯把银子拿出来。他要是救济灾民，灾民有饭吃就不起来造反了。我没饭吃，也不能饿死，怎么办？李自成来了，跟他走吧！到那里就有饭吃，因此变成烈火一般，越烧越大。

**星云大师：**

我童年的时候，淮、扬一带，土匪很多。我们就在宜兴大觉寺外，挡了一片人力墙，那时候他们想要突破，最后也只有失败。为什么要这么做？因为寺庙里没有墙，没有警察，没有军队，但土匪来了，为了要自卫，只好这么做。

**崇年先生：**

小规模的行，对付三五十人的土匪行，对付数十万的农民军恐怕不行。像朱元璋是皇觉寺里的一个僧人，如果早生一百年不行，因为正逢成吉思汗驰骋欧亚两洲，朱元璋肯定不能成功。所以天时很重要。

**星云大师：**

汉人虽有庞大的群众力量，就像现在所说的生产的动力，但是清兵强势，还是没办法抵抗，最后兵败如山倒。

**崇年先生：**

李自成到了北京之后，自认为天下已经到手了。他都进皇宫、拥有天下了，还把明朝很多官员抓起来"拷掠"。他问："你家里有多少银子？"答："有一万两银子。"说："拿出来！"拿出来后又说你还有，你要是说没有了，他就再打，打急了只好说："那我还有五千。"你就拿了五千出来。他说你还有，又再打，打完了，你说："我还有五千，但家里没有了，要跟亲戚朋友借。"完了之后又再抓另外的人，一个一个地"拷掠"。就这样，六个部的衙门都没人办公了。这些农民刚进了城，吏部也不会管，就一团乱了。

但是，多尔衮高明，他说什么？十六个字："官仍其职，民复其业，录其贤能，恤其无告。"中央六部各部尚书、侍郎照常上班，我给你开银子。你原来做什么官，还是照做，你是知县就照做知县，你是知府就照做知府。知县做稳，这一个县就稳住了；知府做稳，这一个府就稳住了；巡抚做稳，这一个省就稳住了。"民复其业"，士、农、工、商，你原本干什么还干什么。选用一些忠于新朝的人，宣布免除明朝后期不得人心的"三饷"（辽饷、练饷、剿饷），待政权稳固了之后，我再来换人，吏、户、礼、兵、刑、工六部尚书换成满洲人，再配上忠于新朝的汉人。政局稳定了，才可以换人。

**星云大师：**

不过张献忠、李自成对清朝有帮助吗？

**崇年先生：**

有帮助。他们把明朝军事主力摧毁了。一位哲人说过一个平行四边形的理论，就是平行四边形的两条对边是两个力，其结果是产生一种合力，就是分角线的力。就是说，甲方要推倒乙方，乙方要推倒甲方，结果是两败俱伤，丙方获取胜利之果。由此分析，崇祯帝和农民军是平行四边形的两条对边，其结果是——崇祯帝和农民军都失败了，而第三种势力八旗军获得了胜利果实。

# 清朝的兴盛衰亡

**星云大师：**

你说清史可用四个字来概括——"兴、盛、衰、亡"？

**崇年先生：**

是的。清朝历史是一部大书，十二个皇帝，非常庞大，非常复杂，简明地说，就是"兴"、"盛"、"衰"、"亡"四个字。

"兴"，是努尔哈赤、皇太极、顺治三朝；"盛"，是康熙、雍正、乾隆三朝；"衰"，是嘉庆、道光、咸丰三朝；"亡"，是同治、光绪、宣统三朝。

为了便于记忆，有人编了一个顺口溜："兴"——天（天命，清太祖努尔哈赤年号）、天（天聪，清太宗皇太极年号）、顺（顺治）；"盛"——康（康熙）、雍（雍正）、乾（乾隆）；"衰"——嘉（嘉庆）、道（道光）、咸（咸丰）；"亡"——同（同治）、光（光绪）、宣（宣统）。

当然，这只是一个大致的划分。

**星云大师：**

清朝历史多少年？

**崇年先生：**

清朝历史的年数，有三种算法：第一种是二百九十六年，就是从天命元年即明万历四十四年（一六一六年)，到宣统三年（一九一一年）；第二种是二百七十六年，就是从皇太极改年号为清的崇德元年即崇祯九年（一六三六年）到宣统三年（一九一一年）；第三种是二百六十八年，就是从顺治元年即明崇祯十七年（一六四四年），到宣统三年（一九一一年）。这三种算法都对，看从什么角度去计算。

**星云大师：**

清是十二朝还是十三朝？

**崇年先生：**

都可以。一般来说，一个皇帝在位的时间，或是一个皇帝的年号，就算一朝。譬如，清朝十二个皇帝——太祖天命（努尔哈赤）、太宗天聪和崇德（皇太极）、世祖顺治（福临）、圣祖康熙（玄烨）、世宗雍正（胤禛）、高宗乾隆（弘历）、睿宗嘉庆（颙琰）、宣宗道光（旻宁）、文宗咸丰（奕詝）、穆宗同治（载淳）、德宗光绪（载湉）和宣统帝（溥仪），年号天天顺、康雍乾、嘉道咸、同光宣，但是皇太极有两个年号——天聪和崇德，这样十二个皇帝就出现十三朝。

王浩沅一九四八年九月出版的《清宫十三朝》（又名《清宫秘史》）和许啸天的《清宫十三朝演义》等，就是这么来的。

**星云大师：**

阎老师以"兴、盛、衰、亡"四个字来介绍整部清朝史，每一个字底下都以三个皇帝为代表。四个字就介绍了整部清朝历史，很高明！

**崇年先生：**

我是在学习清史时逐步摸索出来的。这只是我个人的看法，未必妥当。

**星云大师：**

你刚才说清朝历史就是"兴、盛、衰、亡"四个字，清朝历史的经验是什么？

**崇年先生：**

"兴"从努尔哈赤、皇太极到顺治帝。"兴"是很艰难的。努尔哈赤和皇太极父子，用了二十八年的时间，基本把东北地区重新统一起来。多尔衮和顺治帝入关到北京后，又花了十八年的时间，到顺治十八年（一六六一年），最后那几股起来反抗的农民军队、南明军队都平息下去了，才基本上把中原安定下来。清初用了近半个世纪的时间，初步确立在全国的统治。如果算上康熙平定吴三桂等"三藩之乱"的八年，直到康熙二十年（一六八一年），清朝才在大陆地区安定、巩固下来。而明郑台湾政权结束，则到了康熙二十二年（一六八三年）。

我算了一下，从明万历十一年（一五八三年）努尔哈赤起兵，到康熙二十二年（一六八三年）台湾归清管辖，中国重新一统，总共是整整一百年。

**星云大师：**

满洲十几万人，怎么就打到北京，统一中原，最后兴起了呢？

**崇年先生：**

我想，满洲兴起的原因很多，可以写一部大书。清朝兴起的原因，要是简明地说，就是一个字——"创"！从无到有，从寡到众，从小到大，从弱到强，要有"创"的精神和"创"的行动。

我在佛光山看到丛林学院的院训："悲、智、愿、行"。我的理解："悲"，佛家叫做"慈悲"，儒家叫做"仁爱"，耶教叫做"博爱"，它们之间，虽不相同，却又相通。

努尔哈赤创业，要有悲爱之心（对满洲人），要有智慧，要有志愿，要有行动。清初经过"两祖一宗"——太祖努尔哈赤、太宗皇太极、世祖福临，前后总共八十年的时间，从关外起兵，到中原统一。这个"创"字，创出一个杰出首领，创兴一个巩固基地，创建一支八旗劲旅，创立一个严密制度——八旗制度，创行一套和合治策。

**星云大师：**

"盛"呢？

**崇年先生：**

清朝强盛的原因很多，也可以写几部大书。清朝强盛原因，要是简明地说，就是一个字——"合"！

以康熙朝做例子。一是版图整合，北跨外兴安岭，南到曾母暗沙，东到大海（包括台湾），西达葱岭，总计约一千三百万平方公里。我乘高铁从高雄到台北，是三百四十五公里，可康熙朝从库页岛（今萨哈林岛）到曾母暗沙，近一万公里，都统一在清政权之下。

二是民族协合。将几十个民族都协合在清统一政权之下。民族之间虽有摩擦、有纠葛，但没有"闹分家"、"闹独立"，尤其是西藏、蒙古，康熙帝曾说："昔秦兴土石之工，修筑长城。我朝施恩于喀尔喀，使之防备朔方，较长城更为坚固。"喀尔喀就是今外蒙古。明朝长城是防蒙古的，清朝不修长城，蒙古却成为中华抵御北方外来侵略的长城。

三是文化融合。满汉文化开始是冲突，后渐缓和。康熙帝自己带头学儒家经典，到曲阜孔庙，行三跪九叩大礼，亲书"万世师表"匾悬挂在大成殿上方正中。我这次参观台南孔庙，见大成殿里高悬康熙、乾隆、嘉庆、道光、咸丰、同治、光绪的匾。古埃及、古巴比伦、古印度文明中断了，但中华五千年文明延续下来了。清朝的文字狱等出现过严重问题，但总的来说，中华文化到了清朝是在融合中发展的。

**星云大师：**

　　"衰"呢？

**崇年先生：**

　　我为什么说嘉庆、道光、咸丰是衰落呢？我说两个标志。对内，嘉庆皇帝刚一登极，就有一个白莲教起义，遍及五个省，打了九年才平息下去，花了白银两万万两，把户部库银都花光了还不够，最后还卖官，卖一个知县多少钱、一个知府多少钱，以卖官来补充，要不工资发不了。还有咸丰朝的太平天国。

　　对外，有鸦片战争和英法联军的入侵。清朝衰落的原因很多，简明地说，就是一个字——"僵"！嘉、道、咸三朝，背着祖宗留下的包袱，平庸僵化，不思进取，但求无过，还是大难临头：内忧，嘉庆的白莲教，咸丰的太平天国；外患，道光的鸦片战争，咸丰的英法联军火烧圆明园。大清王朝昔日兴盛的光芒暗淡，向衰落之路滑下去了！

**星云大师：**

　　"亡"呢？

**崇年先生：**

　　清朝败亡的原因很多，要是简明地说，就是一个字——"痴"！以慈禧太后做例子。同、光、宣三朝，皇帝一个六岁、一个四岁、一个三岁，朝政实际掌控在慈禧太后手里，长达四十八年！

　　慈禧人算聪明，有手腕，有术谋，但"知"得了"疒"，贪痴无度，自作聪明，如孔子所说："愚而好自用。"她的"痴"主要表现为"不会合，只会分"：叔嫂分、两宫分、母子分。慈禧和恭亲王奕䜣是叔嫂关系，她对奕䜣要用就用，不用就革，想用再用，不想用再革；她和东太后慈安，也是貌合神离，传说东太后被慈禧毒死，虽不能确证，却透露出她们两宫姐妹的不和；慈禧贪位揽权，拖延儿子同治亲政，发动戊戌政变囚禁光绪——在内叔嫂分、两宫分、母子分，在外还能不君臣分、官民分、满汉分吗！

一个清朝政权到了核心分裂——叔嫂分、两宫分、母子分的时候，再到了君臣分、官民分、满汉分的时候，这个政权也就走到尽头了！

## 星云大师：

清朝的兴盛在"合"，衰亡在"分"，这对现代管理而言是一面历史的镜子。所谓"家和万事兴"，"兄弟同心，力可断金"，和谐才有力量、才有幸福。佛门有句话："丛林以无事为兴隆。"人和，才能够无事。就是在僧团的生活里，平时也是依"六和敬"来维系人事的和谐。

所谓"六和敬"，就是：身和同住（居住的安乐）、口和无诤（语言的喜悦）、意和同悦（心意的和谐）、戒和同遵（法制的平等）、见和同解（思想的统一）、利和同均（经济的均衡）。所以僧团又称作"六和僧团"。

## 崇年先生：

是的。士农工商，古今中外，大到国家、民族，小到企业、家庭，合则兴旺，分则衰败。这正像您所说的，历史是一面镜子。

# 臣子的四副嘴脸

## 星云大师：

自古以来，臣子嘴脸，千奇百怪，我归纳为"四种臣子"。

**崇年先生：**

哪四种臣子？

**星云大师：**

一是乱臣。乱臣又称奸臣、僭臣、贼臣。这种臣子不管大臣小臣，只有坏事，不会成事。自古以来，秦始皇的辅弼之臣赵高，唐玄宗的宰相杨国忠，宋高宗的宰辅秦桧，明崇祯的太监千岁魏忠贤，这些人都是瞒上欺下、一手遮天的乱臣，专门陷害忠良，使得国家元气大伤，最后国家的前途都是断送在这些人的手中。因为乱臣贼子，只顾一己的利益，置国家兴亡于不顾；如果再碰上昏庸的君主不察，更让这些僭越之臣有机可乘，搞得国破家亡。

**崇年先生：**

还有呢？

**星云大师：**

二是佞臣。佞臣又称幸臣、宠臣、弄臣。有人问乾隆皇帝：喜欢忠臣、奸臣，还是佞臣？乾隆皇帝坦承说：奸臣当然不喜欢，但是忠臣太过耿直，让人受不了，也很难让人喜欢，相较之下，佞臣比较能让人接受。

所谓"佞臣"，就是没有自己的主见，只要主子欢喜，他就吹牛拍马、曲躬谄媚，极尽逢迎之能事。因此，佞臣往往颠倒是非黑白，不论利害得失，一切以得到主子欢心为要务。

这类的臣子，如唐玄宗的高力士、乾隆皇帝的和珅、慈禧太后的李莲英，他们只知道讨好主子，置国家大事于不顾，导致众叛亲离，最后再想回头收拾人心，为时已晚。

**崇年先生：**

乾隆帝作为天子，喜欢佞臣恐怕也不会公开说，公开场合还是说重用贤臣。还有呢?

**星云大师：**

三是忠臣。忠臣又称直臣、信臣、宝臣。这种臣子只要得到一个，就是擎天一柱，所以国家的忠臣，被尊称为社稷柱石。

忠臣一般不计个人生死、荣辱，一心只想国家人民的幸福安乐。虽然他们的直言、谏言，经常让皇帝听了不悦，但是他们依然言所当言，把个人的生死置之度外。

历史上，比干对纣王的劝谏，伍子胥对吴王夫差的忠心，袁崇焕对明崇祯的誓不二志，曾国藩、李鸿章的忠于清朝等，都是忠臣的代表。

虽然许多忠臣的下场，最后有的含冤而死，有的悲凉以终，但是死有重于泰山，有轻于鸿毛，他们的死，死得其所，死得有价值，所以能流芳千古，永远为人所歌颂。

**崇年先生：**

最后呢?

**星云大师：**

四是能臣。能臣又称贤臣、用臣、干臣。自古以来能臣很多，但也需要皇帝的赏识，有的能臣遇到庸碌的皇帝，也只有慨叹时不我予。姜子牙、周公都是历史上的能臣，管仲、苏秦，都是春秋战国时代的能臣，魏徵是唐太宗的能臣，狄仁杰、长孙无忌、李勣（也是唐太宗的能臣），是武则天的能臣，张居正是万历的能臣，靳辅是康熙治河的能臣。

这许多才华洋溢的干练之才，都是国家的栋梁，他们有的全身而退，有的伴君如伴虎，难免会遭遇不测。

**崇年先生：**

细分起来还有庸臣、叛臣等，帝制时代关键在国君。能君用能臣，庸君用庸臣。国君心仁慈、志高远、智聪慧、重勤政，乱臣、佞臣就不会得逞。有人说，杭州岳坟旁跪着的应当是两个人：一个是宋高宗，一个是秦桧。

**星云大师：**

佛门讲："不依国主，一切法难立。"但是，贤君、明君在哪里？忠臣、能臣在哪里？

过去我不大看电视，有一次无意之间打开电视机，看到您在中央电视台第十频道讲《袁崇焕》。这位镇守边关的明末大将，一生为捍卫明朝江山社稷而出生入死，最后却被崇祯皇帝给凌迟处死，听的人不仅为一代名将的下场感叹，也为古代生活在专制统治下的中国人感到悲哀、可怜。在历代的冤案中，最让人扼腕的，莫如明末袁崇焕的死难，不但让大明江山因此提早灭亡，也让人为一代忠臣良将的冤死，一掬同情之泪。

阎教授您讲得真是精彩，想我一个八十多岁的老和尚，虽然不敢说有什么大修行，但对世间事，明白说也不太容易让我动心了，可是你的讲说能触动我心里的感情，油然对袁崇焕生起同情，对历史兴起感怀，阎教授你是真的讲得好！

**崇年先生：**

谢谢您的美言！

# 士之风骨与情怀

**星云大师：**

阎教授，下次你来扬州讲坛，讲讲中国的"士"吧，"士农工商"的"士"。

**崇年先生：**

大师的命题作文，我照讲就是。

**星云大师：**

"士"有一种爱国的精神，有一种胸怀，他们讲究忠义。我认为诸葛亮就是"士"，诸葛亮是读书人，他做事不看最后成不成功，不计较成败，不随潮流，有"士"的风骨。袁崇焕也是"士"，是忠臣。

**崇年先生：**

"士"有风骨。明朝有个画家，给皇帝画画，见了皇帝他并不跪拜，画完扭头就走。皇帝很生气，动了杀他的心。皇帝身边的大臣赶紧说："不能杀！"为什么不能杀呢？"因为你杀了他，他就成名了！"最终这个画家没有被杀。可见"士"的风骨。

**星云大师：**

魏忠贤时代的"士"表现得怎样？

**崇年先生：**

明朝万历、泰昌、天启时期，特别是在天启朝魏忠贤专权期间，明朝士的风骨表现突出。这些风骨名士，东林党人更突出一些，其中著名的如黄尊素、杨继盛、杨涟、左光斗等。

**星云大师：**

可以细说一说？

**崇年先生：**

万历朝有位官员叫雒于仁，中进士后，做过知县，后做六品的京官。他针对万历皇帝的嗜酒、恋色、贪财、尚气四种"病"，上《四箴》：酒箴，"进药陛下，醖醖勿崇"；色箴，"进药陛下，内嬖勿厚"；财箴，"进药陛下，货贿勿侵"；气箴，"进药陛下，旧怨勿藏"。万历帝看了奏章，大为震怒，但为了皇上的面子，让这位官员引病辞职。

万历朝还有位官员叫马经纶，进士出身，官为御史。他说："人君受命于天，万一上天震怒，以陛下之不郊不禘、不朝不讲、不惜才、不贱货、咎失人君之职，而赫然降非常之灾，不知陛下尔时能抗天命否乎？"万历帝大怒，降三级，调出北京。

天启朝有位官员叫杨涟，官做到左副都御史。他敢于把矛头直指大太监魏忠贤。上疏揭露魏忠贤二十四大罪。逮捕杨涟时，"士民数万人拥道攀号"。入狱后，酷刑拷掠，体无完肤，非刑而死。

**星云大师：**

士人更表现爱国精神、博大情怀。

**崇年先生：**

的确是这样。中国的士，有"治国、平天下"的志向和情怀。张载说："为天地立心，为生民立命，为往圣继绝学，为万世开太平。"范仲淹在《岳阳楼记》中也说："先天下之忧而忧，后天下之乐而乐。"

都是这种高尚情怀的体现。

至于明代，戚继光的"封侯非我意，但愿海波平"，袁崇焕的"策杖必因图雪耻，横戈原不为封侯"，也都是这种高尚情怀的体现。

**星云大师：**

中国士的爱国精神，博大情怀，确是中华的精神财富。

# 后宫佳丽喜与悲

**星云大师：**

中国历朝皇宫所以出问题或亡国，主要的就是宫妃太多，儿女太多，造成纷争。后宫争风吃醋，钩心斗角，皇帝做得也很辛苦。

演员张铁林告诉我，在大陆，扮演皇帝角色的主要有张国立、唐国强和他本人：张国立演的都是下江南的皇帝，唐国强演的都是操心国事的皇帝，他演的皇帝则专门处理、调解后宫的琐事。

**崇年先生：**

康熙帝有三十五个儿子，皇位继承没有章法，所以出了事。康熙帝的后妃，在册的是十九个，没有生育的就没法统计了。康熙帝的后妃像其他清朝皇帝的后妃一样，分为皇后、皇贵妃、贵妃、嫔、贵人、常在、答应等共十二个等级。十二级以外的怎么办？不够这十二级资格的，就叫"学生"等。多少人呢？有人查档案，一个一个地数。过年不都有赏吗？过生日不都有赏吗？他就把那些得赏的单子往一块儿拼。因为没生孩子的都没有记载在《玉牒》里，只好用这个办法。统计下来，同一个时期，大概有二百四十人，有些是江南的女子。

**星云大师：**

二百四十人，还是二百四十几？

**崇年先生：**

二百四十多人。这还不是全数，因为有的有记载，有些可能没有记载，有的才进去几天，还没有赏她，也没有处罚她。

**星云大师：**

秦始皇在位三十七年，其中称皇帝十二年，那时候后妃多少人？

**崇年先生：**

没有具体统计，笼统地说"后宫佳丽三千"。康熙帝问明朝一个老太监，老太监跟他说：明朝皇宫有太监十万人、宫女九千人，饭食不能遍给，曾有饿死者。就是说太监、宫女送饭，有疏忽忘记的，有供应不上的，她们又不能去说："我没吃饭，给点饭吃！"所以就有饿死的。后来康熙帝说不能那么多人，所以清朝比明朝少了，它有个定数，一般是二三千人。在皇宫里人太多，几千人，有时照顾不到，就这么饿死了。宫廷里的怪事可多了。

**星云大师：**

所以宫廷的生活不好过。我们到紫禁城，有人看了："哎哟！一个皇帝住这么大的地方喔！"其实皇帝很可怜，住在这么一个小小的皇宫里，我们住得才大呢，以天地为家，能到处游览。

**崇年先生：**

那里头的房子是不够住的。我来算算看！参观故宫时导游说：故宫房子九千九百九十九间半。实际上故宫房子的间数是变动的，据故宫专家统计，大约八千多间。八九千间房子，太监十万人、宫女九千人，那房子够住吗？还不够住，所以有的就住集体宿舍。说来说去，专制的制度还是不行，民主的制度比专制的制度进步一些。

**星云大师：**

有关太监的记载、研究，也好像少一些。

**崇年先生：**

历史材料太少。不要说是太监了，就是像孝庄太后这么大的人物，历经天命、天聪、崇德、顺治、康熙五朝，活了七十五岁，记载她的材料还是很少，如《清史稿·后妃传》记载顺治皇帝和母后孝庄二十四年的关系，仅有四句话：第一句是"世祖即位，尊为皇太后"，这是例行公事；第二句是"赠太后父寨桑和硕忠亲王，母贤妃"，这也是例行公事；第三句是"太后万寿，上制诗三十首以献"，这仍是例行公事；第四句是："上承太后训，撰《内则衍义》，并为序以进。"以上四句话仅六十个字而已。但编庄妃的电视剧，能编几十集，真不容易啊！

# 人类历史的分期

**星云大师：**

我个人认为，人类历史可以分作几个时代：

一、洪荒的时代。洪荒时代从什么时候算起？有人推算为五千年前，有人说是一万年前，并没有确切的标准。不过可以肯定的是，所谓"洪荒时代"，那时混沌初开，一切所有都未经人工开凿，是最接近自然的时代。当时地球上只有少数动物在活动，人类并没有显得比较特别，也不敢以地球的主人自居。整个生存环境，除了自然的山水与动植物之外，人类没有建屋居住，也没有耕田种植，只是跟一般动物一样，过着茹毛饮血的生活，那就是洪荒时代。

二、游牧的时代。到了三四千年前，人类慢慢掌控了地球，成为万物之灵。这时候人类可以在大地上逐水草而居，带着自己畜养的牛羊周游大地，到处随遇而安。这时期"火"的发明，改变了人类的生活，终于让人类由"生吃"而进步到"熟食"，牛羊不但是自己的财产，也是自己的食物。这个阶段，就称为"游牧时代"。

三、农业的时代。人类的智慧，随着时间推移不断在进步、发展，从游牧而畜牧，之后慢慢懂得开荒垦地，播种生产，于是进入到"农业时代"。在农业时代里，男耕女织，生养教育，让每个人都懂得礼貌，知道廉耻，并且了解勤劳耕种、团结合作的重要，于是从群居而有了种族、社会的组织。农业时代维持的时间最久，以中国来说，从唐尧虞舜、文武周公，约有两三千年的时间，都被称为农业时代。在农业时代，男女养蚕耕织，组织家庭，负责传宗接代，也开始占据土地，聚为集团，所以造成你征我伐，连年征战不已的社会。

四、工业的时代。时代进步到现在，已经进入到工业化时代，人类重视生活质量，不断致力于种种发明，提高生产技术，重视文化互访，视祖先留下的雕刻、建筑、文化、艺术等遗产为瑰宝，并且在此基础上，继续创新发展。在工业时代里，随着科技发展，经济、交通等民生相关的衣食住行各项建设突飞猛进，出版、电讯、传播等技术也日新月异，让人觉得这是一个有光有热的世界。只是随着物质的迅速发展，道德、伦理并没有相对提升，不禁令人为此感到忧心。

五、心力的时代。时代再往下发展，就是一个心力时代的来临，就以佛法所说的"西方净土"来说，也是由心的愿力所成的世界。现在随着时代发展，慢慢地人类平等，各有所宗，随心所欲，随意所取，业力会带动我们未来的各种成就。所以，只要我们有美的行为，有善的想法，一个善美的净土世界就会成立。

社会要以人为本。王道者兴，霸道则衰，这是千古不易的定律。

**崇年先生：**

人类历史阶段的划分，有唯物史观的五种社会形态——原始社会、奴隶制社会、封建主义社会、资本主义社会和社会主义社会，有汤恩比的文明冲突的分法等等。您刚才说的"心力时代"，有人称为"知识时代"。中华文明史五千年，有文字记载的历史大数算是三千多年。在中国古代史中，第一个一千年是商、周时期，商纣王、周武王等称王，我把这段历史称为"王制时期"；从秦始皇称帝到宣统三年（一九一一年）废除帝制，共二千一百三十二年，我把这段历史称为"帝制时期"。总之，仁者见仁，智者见智。

# 第三篇　事理

世间万事万物都有"理"和"事"两个层面，要"事理圆融"，才能为人接受。

——星云大师

人的成功有多种因素，但最基本、最共同的因素是"四合"——天合、地合、人合、己合。

——崇年先生

# 以无为有，有无相生

**星云大师：**

前面说过，"不给"两个字，养成了我淡泊物欲和"不要"的性格。

**崇年先生：**

可是，您什么都有。

**星云大师：**

是的，我不要而有！我不要钱，不拥有钱，钱来了，我觉得都是十方信施的，我要把钱用了，才能体现钱的价值。如果我要、我有，那么人都有贪心，有钱就会把它存到银行里，就要积聚，就不能创建事业。因此，常有人问我：佛光山是怎么建起来的？我说：因为我"不要而有"，所以才有佛光山的一切。平时只要我有一点稿费收入，或是皈依的红包，我就拿来建寺庙、办学校、添置各项弘法设备。我认为个人可以不要，但是大众要，要给大众。我常说，我也是一个信徒，我跟大家一样，我也要布施，我也在学习喜舍。我经常教诫佛光山的徒众，不可以在信徒面前说到喜欢什么东西，因为那是一种暗示，你欢喜，要他买给你，这是罪过，不可以的。我有多少奉献、结缘？我觉得出家人要"以无为有，以不要而有"，不可以被物质所囚。

**崇年先生：**

您的"有"与"无"是您的佛家有无观。

**星云大师：**

世间的人总认为，"有"、"无"是相互对立的，有的不是无，无的不是有。但事实上，有的也会无，无的也会有。你本来没有钱，忽然中了彩券，一夕致富，不就发财了吗？有财有势的人，忽然遭遇一场横祸，顷刻间财富荡然无存，什么也没有了。因此，假如有慧眼的人，能彻底认识世间，就会知道"有的非真有，无的非真无"。有，是有限、有量、有穷、有尽；无，是无限、无量、无穷、无尽。虽然这个理论要实践很难，尤其佛教信众过的是家庭生活，家庭生活是从"有"上面着力去获得需要的，不过出家生活还是要从"无"上面入道。"无"反而更大、更多。

**崇年先生：**

佛家从禅学上看待"有"与"无"，在家人则从生活中看待"有"与"无"。老百姓认为：有，就是有，这个月我领了人民币两千元薪水，就是有了两千元钱；这个月我花了两千五百元人民币，就是家里不仅没有钱，还亏了五百元人民币。

**星云大师：**

刚才讲，"有"和"无"不是相互对立的，如《般若心经》说："空即是色，色即是空。"空有一如，这是从理体上来看待有无；若从事相上说，世间生活不能缺少资生物用，即使佛教也讲究"净财"、"资粮"的具备，所以如何在生活中调和"有"、"无"，这是一种智慧。

**崇年先生：**

还是有"有"的欲望？

**星云大师：**

有一次，我在香港机场转机，候机时间需要两三个小时。平时我到机场搭机，经过免税商店很少会去看它；那天候机时间实在太长了，顺道就进了一家文具店。记不清楚当时我是看到一样什么东西，忽然动念想买。问过价格，大概要港币四五十块钱，但是我身上没有钱，我怎么买呢？这时看到慈惠法师从远远的地方走来，我说："惠法师，跟你借五十块钱。"她问我："做什么？""我想买这个东西。"她走过去一看，说："啊！师父，不要买啦！这个在台湾多的是。"说完转头就走。我在后面一愣："啊！身上还是要有钱！有钱就可以自己买，就不跟人家借了。"

**崇年先生：**

在佛家看来，"有"即是"无"，"无"即是"有"，"空"即是"色"，"色"即是"空"，好像有点像绕口令。佛家的"色"，不是"女色"的"色"，而是与"心"对立的佛教名词，是指人能感触到的、有形质的东西，佛家把它称作"色"。弄清"有"和"无"，"色"和"空"的关系，的确是一种智慧。

不过，禅学的"有"与"无"是理论的概念；生活中的"有"与"无"是实践的行为。出家人住在寺院，实际上过着"供给制"的生活；在家人住在家里，衣、食、住、行、用，油、盐、酱、醋、茶，孩子上学，老人生病，都要花钱，所以他们从生活的现实来看待"有"与"无"。不过，在家人有一点禅学知识，从出家人的禅学看待"有"与"无"，视野可以更宽、更远些，心胸可以更大、更包容。

**星云大师：**

您说的没错，在家生活"开门七件事"，哪样不需要钱？人大都是为钱而生活，但钱是无限的，够用就好，而且很重要的是，钱要用在刀口上，要用得及时，用得有意义！

　　昨天我刚从南京回台湾，到机场的路上就想着："回台湾应该不要用钱了吧！身上还有一点人民币，全部送给开车的司机好了！"但是想到回台湾，在机场有人会用轮椅来推我，要给小费！我就问同行的容法师："您有准备到机场要给的小费吗？"她说："我准备了。"结果到台湾后，通关出了机场，我问容法师："有没有给小费？"容法师说："找不到人了。"我一听就很生气：怎么不懂得小小钱的布施呢？

　　说到用钱，过去常有人说我星云某人"很有钱"，事实上我不是很有钱，而是"会用钱"。我常说："有钱是福报，用钱是智慧"，钱用了才是自己的。

**崇年先生：**

　　您刚才讲的"有"与"无"，有时候是有条件的。离开佛光山"磁场"，"有"就变成"无"；回到佛光山"磁场"，"无"又变成"有"。

# 禅之中道，儒之中庸

**崇年先生：**

　　在《论语·雍也》中，孔子说："中庸之为德也，其至矣乎！民鲜久矣。"这句话给我的印象很深。

**星云大师：**

　　儒家讲"中庸"，佛家讲"中道"。

**崇年先生：**

儒家讲的"中庸"，《论语》只出现一处，《中庸》一书虽然只有三千五百六十七个字，却出现"中庸"十处。《中庸》在宋代被列为儒家四书（《大学》、《中庸》、《论语》、《孟子》）之一，可见受重视之程度。在明清科举时代，每一个学子对《中庸》都必须烂熟于胸。儒家认为：君子必中庸，小人反中庸。

**星云大师：**

佛家的"中道"，也是佛学的基本道法。

**崇年先生：**

儒家的"中庸"，儒者解释为中正不易之道。"中庸"告诉人们在思考、处理人和事的时候，要不偏不邪、不前不后、不早不晚、不上不下，取乎于中。

**星云大师：**

佛家的"中道"与儒家的"中庸"可以做个比较。二者同中有异，异中有同。这个"同"字，就是"中"。有人不赞成"中"，而力主"极"。这虽有道理，却失之偏颇。您在著作、演讲中，反复说明祸福相倚、刚柔并济、贫富有时、巧拙互用，就是突出"中"。

为了说明"中道"，我讲一个"南顿北渐"的故事。唐朝时，六祖惠能大师居住在广东，宣扬的禅法以"顿超法门"为主；神秀大师在北方宣扬禅法，以"渐修"为上，于是时人就以"南顿北渐"称之。其实，所谓"渐修"，千里之路不会一步就到，必须逐渐逐渐地到达；所谓"顿修"，就如一团杂乱的丝线难以理出头绪，一刀剪下，立刻脱落。事实上，顿中有渐，渐中有顿，只是两位大师各有所宗，后代的门人弟子于是说出了"南顿北渐"这一段掌故来。如果专走偏激路线，任性、偏执，就没有中道了。

**崇年先生：**

就是说，在"顿"与"渐"中，不要过快，不要过慢，要不快不慢，要采取"中道"。但是，佛家的中道，似另有含义：非空非有，亦空亦有。以后有机会再向您请教。

**星云大师：**

中庸，它讲的是理，道理；中道，它有结果，有结案，有目标，有境界。什么叫中道？我现在提倡的人间佛教就属于中道。人间佛教是一切总和，一切包括，不排除任何一样东西。它是统一的、一致的、圆满的、完善的。

过去佛教有个情况，比方有人说："你们在家人太热衷名利了，这样不好，要学习出世的精神，放弃功名、钱财、爱情。"你听了会觉得，这样不要，那样也不要，那活着有什么意思呢？所以，人间佛教不讲"不要"，而是你可以有钱，但钱要用在有用之处。好比拳头可以打人，但也可以帮人捶背，让人觉得很舒服。所以，拳头没有好或坏的分别，就看你用在什么地方。钱财也是如此，就看你花在什么地方。你说不要爱情，如果男女都不结婚，人类如何延续生命？通通都结婚，不可以出家，那也不必，舍弃小爱可以成就大爱啊！为一切众生服务，也没什么不好。通通都能存在，各有所获。所以，我们说的人间佛教，它是至大、至深、圆满的、超越的。

## 事理圆融，契理契机

**星云大师：**

一般教授教书教得好，但是讲演不一定能讲好，因为讲演是要有一套方法的。你能把《百家讲坛》救活，我想是因为你讲得清楚，大家听得清楚。你讲的道理大家都需要，而你的讲座既兼顾了学术性，又兼顾了趣味性，让大家都喜欢听。

**崇年先生：**

所以我说大师讲的"中道"很好。你光顾大陆农村文化水平不高的家庭，包括一些妇女，他们听了很满意，可是很多有文化的人会觉得太浅薄。电视台告诉我，听我讲座的人有中国科学院的院士、工程院的院士。好几个院士见了我以后，就跟我说："阎老师，我在听你的讲座。"比如清华大学梁思成先生的学生吴良镛教授，他是科学院和工程院的双院士，他和夫人跟我说："阎老师，我们夫妇俩都听你的讲座，很好！"我说："不敢、不敢！"

还有政府高级官员、军队高级军官也看。一次，一位中将跟我说，我讲的他都看，但没有看全，大部分都看。有一次坐飞机，一位高级军官见了我站起来说："您讲的我全看了！"我说不可能，您这么忙，怎么会都看了呢？他说："我把您在电视台讲的，录到 MP3、MP4 里头。"他又说："您讲战争最精彩！我把您讲跟战争、跟军事有关的都放在一起，一讲一讲地连续看，其中《萨尔浒大战》一讲，我看了二十遍以上！"他还整理录音做笔记呢。

**星云大师：**

那么多啊！

**崇年先生：**

我说："说实在的，第一我没当过兵，第二我没打过仗，第三我没有专门研究军事理论，所以我所讲的军事、战争，可能有好多外行话。"他说："不，不，我跟您说，国防大学、中国军事科学院的课我都听过，他们讲的战争就不及您讲得精彩、深刻。"我问他做什么工作，他说在军队里做事，不便跟我说。我看那个人气质高雅，仪表不凡。

**星云大师：**

就你所讲的，我用佛家的话来做个评鉴，就叫做"事理圆融"。说到理论，你讲的有学术性；说到事情，你讲的有故事性。你把故事、理论融合在一起，当然叫座。

**崇年先生：**

事跟理本来是两回事，把两回事"圆融"在一起，当然不容易。但是我做得还很不够。

**星云大师：**

世间万事万物都有"理"和"事"两个层面，有时候"事"讲得太多了，没有"理"作根据，就变得庸俗，没有深度；有时候"理"讲得太多了，太抽象、太玄妙，则又不容易让人懂。所以，要"事理圆融"，才能为人接受。因此，把讲演讲得通俗易懂更难。

**崇年先生：**

我觉得"通俗—高雅—大雅"是个过程。开始的通俗是初级的；

学术性的高雅是中级的；化高雅为大雅是高级的。从这个意义上说，大雅比高雅更难。

前不久，法国《世界报》记者柏滨先生从巴黎到北京采访我，问我："电视讲座和在大学讲课有什么不同？"我回答说："大学听课的对象水平大体相当，学生上课要修学分，授课讲求科学性、系统性、逻辑性；电视观众水平不一，听众差异很大，要求讲观众需求的热点、难点、疑点，所以电视讲座比大学讲课更难。"我当时如果用您刚才讲的"事理圆融"和"契理契机"来回答这位法国记者，会比我那啰唆的回答更精彩。


## 法非善恶，善恶是法


**星云大师：**

《禅林宝训》说："煦之妪之，春夏所以成长也；霜之雪之，秋冬所以成熟也！"人不但能承受春风夏雨的吹拂滋润，也要受得住秋霜冬雪的煎熬洗练，才能长大成熟。因此，有时候别人加诸我们一些挫折、打击，也未必是坏事。像我活到现在八十多岁，就很感念过去打我、骂我的老师。我在佛门所接受的丛林教育，不是打就是骂，一切都是无情无理的，但是我并没有因此就受不了，总认为受教育本来就应当如此。也因为我能接受，所以就能不断地进步。我曾很自豪地跟现在的年轻人说，我比他们幸福，因为我能承受得起过去老师那种不合理、不合情、"无情无义"的教育。


**崇年先生：**

过去有句话："打是亲，骂是爱！"老师打、骂学生，是恨铁不成钢的一种表现。但是，现代教育是不主张打学生的。在美国，老师打学生是犯法的。

**星云大师：**

佛门讲："法非善恶，善恶是法。"同样是拳头，用来打人，对方会把你告上法庭；如果你用它为人捶背，别人必然会感谢你。老师教育学生，固然要用爱的教育，但有时候不打也不能成器。

佛教里有个故事。有一天，寺庙的大雄宝殿里，铜铸的大磬向木雕的佛像抗议："喂！我们同样被供在大雄宝殿里，为什么信徒来了都是给你上香、献花、供果，而我大磬什么都没有？不但如此，信徒供养、礼拜你的时候，还要来打我，说什么'拜佛不敲磬，佛祖不相信'。我们的命运为什么差这么多？我不服气。"木雕的佛祖一听，觉得大磬说得也有道理。不过，佛祖到底是有智慧，他说："大磬，你不要不服气，你要知道，当初我在被雕刻成佛像的时候，头上哪里多了一块，就被敲啊、打啊，耳朵、鼻孔多了一块，就挖啊、刻啊，我是经过种种辛苦、忍耐、煎熬，千锤百炼，才能成为佛像的，所以当然大家都要拜我啦！你大磬呢，一点忍耐力都没有，你看，人家才敲你一下，你就无法忍耐地嗡嗡叫，当然就不能跟我比了。"这个故事说明，要成功，必须经得起种种的熬炼、种种的打骂。

**崇年先生：**

大凡成功的人，都是这样的。著名的《石灰吟》说："千锤万击出深山，烈火焚烧若等闲；粉身碎骨浑不怕，要留清白在人间。"成大事业、立大功勋的人，在通往成功的道路上，要经过千锤万击的敲打，要经受烈火焚烧的烤炼，要遭遇焚身碎骨的磨难，才会在人间清白永存。

**星云大师：**

过去北京城的建筑，墙壁不都是涂石灰粉的吗？石灰尽管被放在烈火窑里熬烧，但它不计较、不怨恨，到最后就能"留得清白在人间"。人要学习石灰的精神，能经得起千锤百炼，对于世间的人情冷暖、金钱得失、地位浮沉、生活贫富，都能以平常心面对，就能不随俗浮沉，不为人事所动。

# 生权平等，和而不同

**星云大师：**

佛教是个"以人为本"的宗教，生活中难免会在无意间伤及一些蚊蝇虫蚁等小动物，只要心存"忏悔"，并不构成违犯"杀生"的根本大戒。但是如果故意或怀着瞋心而杀，还是有罪过的，所以蚊子叮人固然不该让它叮，但不能任意打死它，毕竟它是罪不至死呀！

**崇年先生：**

"蚊子叮人，罪不至死！"这是睿智的见解，聪慧的语言。

**星云大师：**

凡物皆应爱惜它的生命。生命的诞生是宇宙间最神奇微妙的事，每个生命从降诞开始，莫不为自己的生存而努力奋斗。不过，宇宙间不是只有人或动物有生命，举凡山河大地，一花一木，一沙一石，它们的存在都有生命，只要破坏其功能，就是杀生。例如，一张沙发可以用十年，如果任由儿童蹦跳破坏，因而缩短它的使用年限，就是杀生；说话断人希望，也是杀生；甚至浪费时间，都是杀生。

不只是人有生命，动植物也有生命，乃至山河大地都有生命，因此人要有爱心，要开阔胸怀，才能与生命相应。过去经常见到公路上，一些鸡、鸭、猫、狗等动物被车轧死；现在时代不同了，路上遇到动物，车子要停下来让它们先通过。甚至如果有人把鸭子倒挂在单车上，还可以告他虐待动物！万物都有它们生存的世界，应该尊重它们，保障它们的权利，这是社会的进步。佛门不但提倡"不杀生"，进而更要"护生"。佛门倡导"生权平等"，这是最合乎现代举世所关心的生态保育，也是最积极的生命教育。

## 崇年先生：

您说的佛学所理解的生命是广义的生命，当下科学解说的生命是狭义的生命——主要指生物，如动物、植物、微生物。我对生命科学没有研究，算是孤陋寡闻。但是，时代的确是进步了。在近年才通火车的青藏铁路上，有藏羚羊通过，人们特意为它们修建了一组涵洞，让它们自由通过。在修路之前，这里是它们的天下，人类占用这里通车，也得给它们留一条走道，这的确是比过去进步了。说到这里，我想起纪晓岚在《阅微草堂笔记》里记载的一个人吃人的故事：明朝崇祯末年，河南、山东大旱，草根、树皮都吃光了，就以人肉为食，官吏不能禁止。妇女小孩，被绑着到市上出卖，叫做"菜人"。屠夫买去后，像杀猪宰羊一样把"菜人"宰掉。有一位姓周的，从东昌做生意路过，到餐馆吃饭，屠夫说："肉吃完了，客官稍等片刻。"只见那屠夫拉扯着两个女子入厨房，对周某喊道："客官稍坐坐，我先割下一只蹄来！"周某连忙起来想制止，可惜已经来不及了。只听见一声惨叫，一个女子的胳臂已经被活生生地砍了下来，那女子痛苦万分，倒在地上不省人事；另一个女子吓得面无人色。她们看见姓周的，大声哀叫：一个求速死，被刀刺死，做了"人菜"；一求援救，周姓恻然心动，出资赎出。这个断臂女子，跟着到了周家。周姓因没有儿子，纳她为妾，后生一男，右臂有红丝，自腋下绕到肩胛，宛然断臂女也。

**星云大师：**

这真是一个悲惨的故事。

**崇年先生：**

我初看到这条材料，也心惊肉跳。"生权平等"是佛家的慈悲，您说儒家的仁爱、耶家的博爱和佛家的慈悲，有相同的地方，也有不相同的地方，我觉得很有意思。

**星云大师：**

佛教的慈悲，对象不仅是人，还包括自然、动物、植物；可是儒家的仁，是仁者爱人，只限于人，不包括其他的动物、生物。因此，佛家慈悲比儒家仁爱更深刻、更广泛。说到佛教的爱心，就连我们穿的鞋子、衣服，也都有生命，你爱惜它，可能穿三年、五年，十年、八年；你不爱惜它，可能三个月、两个月就坏了。所以，万物都有生命。生，就是生理、延续，就是生命。大自然的山河大地、树木花草，也有生命。当然，生命有强弱的不同，就好比佛教所讲的智慧，一个人的智慧是多是少也有不同。有的生命比较强，就像人；有的生命迟钝一点，就像动物。

有的人会问："一般人吃动物的肉，动物是有生命的；吃青菜萝卜，青菜萝卜也是有生命的啊！它也有死亡，也要繁殖，也要生长，和动物是一样的。"但佛教对此有不同的看法。佛教认为人和动物的生命是有心识的，树木花草的生命是机能的，它没有心识，只有物理的反应。有心理反应的是高级动物，仅有物理反应的还是低级的生命。但无论动物或是大地山河，都有生命。例如，有人问：人人都能成佛，那么树木花草能成佛吗？树木花草能成佛。但是主要的还是我人先要成佛，我成佛了，山河大地，就会跟着我的心转变，因为它们都是我的法性里面流出来的东西。假如我本身没有成佛，当然也就我是我，他是他，你是你，没有相干。所以，树木花草能不能成佛，要看每个人是否都成佛。就等于一个懂教育的老师，即使是放牛班的学生或是愚笨的小孩，他也能把他们教育成功。如果连老师自己都不行了，学生天资再怎么好，也没有办法成就他们。所以，佛教以人为本，以自我为本，虽说无我无物，实是人本的佛教，重视自我解决。有时候讲无我，究竟是有我还是无我？其实两者是相通的，它等于和而不同，有和、有不和，有统一的、有矛盾的，可以从统一里找出平等，从差别里去除矛盾。

# 人生四合，天地人己

**星云大师：**

您上次谈到"四合"，我愿意细听。

**崇年先生：**

我在读史书的时候，喜欢读人物传记，我读过成千上万个历史人物的传记，经常思考一个问题：历史上为什么有些人是成功者，有些人却是失败者？譬如说，每三年在北京的科举考试，参加科考者多达一万余人，结果金榜题名者不过二三百人，可以说榜上有名者少，名落孙山者多！许多人到六十岁以后，回忆往事时，少壮时的梦想，实现者少，落空者多，为什么？

我认为，人的成功或失败有多种因素，但最基本、最共同的因素，成功者的原因是"四合"——天合、地合、人合、己合，失败者的原因是"四不合"——天不合、地不合、人不合、己不合。

**星云大师：**

拆开来说，"天合"怎么讲？

**崇年先生：**

世间之人，男女老幼，都在苍天之下，没有一人例外，所以人首先要同天合。我说的天，不是儒家的天理，道家的天道，耶家的天帝，佛家的天乘，而是指天时。司马迁说"究天人之际"，就是探究天与人的关系。天时的一个特点是"变"，年月日，时分秒，天行健，都在变。人跟不上天时的变，所以经常跟天不合。魏源在《圣武记》里说：有大天时，有小天时；小天时决利钝，大天时决兴亡。因此，要成俊杰，必知时务。秦皇、汉武、唐宗、宋祖，以至成吉思汗、朱元璋、努尔哈赤、康熙帝、孙中山都遇到一个大天时。天要敬，不可欺；天要顺，不可逆。清代南京叫应天府，北京叫顺天府，沈阳叫奉天府，北京皇城的正门，明叫做承天门，清改名天安门，都突出"天"。《易经》说："观乎天文，以察时变。"明崇祯皇帝、清慈禧太后，不观天文，不察时变，逆天而行，社稷覆亡。这是一条重要的历史经验。

**星云大师：**

"地合"？

**崇年先生：**

世间之人，男女老幼，都在大地之上，没有一人例外，所以人要同地合。人们生存的大地，往往既不知其利，也不知其弊，同地不合。清初萨尔浒大战、沈辽之战、宁远之战、宁锦之战等，胜利一方，会用地利；败者一方，违反地利。努尔哈赤起兵如果不在辽宁赫图阿拉，而在北京通州，便不会成功。同样，曾国藩不是回家探亲，而是在北京朝里做官，他不会在湖南练"湘军"，也就不会成为清朝"中兴以来，一人而已"！

**星云大师：**

　　人，既要跟天合，也要跟地合。

**崇年先生：**

　　是的，《中庸》说："上律天时，下袭水土。"这就是说，既要跟天合，又要跟地合。

**星云大师：**

　　所有众生是因缘和合、一体不二。虚空中的日月星辰不分明暗，互相辉映；大地上的山岳丘壑不论高低，彼此连绵；宇宙间的奇珍异兽不管异同，相辅相成。因此，这个宇宙本来就是"同体与共生"的圆满世界！我们生存的社会，也需要士农工商各行各业，贡献每一个人的力量，才能建立祥和而共有的社会。慈悲，才能容纳对方；融和，彼此才能共生共存。

**崇年先生：**

　　要"同体共生"，而不要"你死我活"。

**星云大师：**

　　我们的社会，存有种种差别的现象，譬如贫富的悬殊，权势的大小，出身的高低，教育的差距，乃至智愚贤不肖的不同。《法华经》说："我不敢轻视汝等，汝等皆当作佛。"

**崇年先生：**

人我之间，要有平等心。

**星云大师：**

那"人合"呢？

**崇年先生：**

人合，是指处理人与人之间的关系，这也是一个人事业成败的关键因素。《孟子》说："天时不如地利，地利不如人和。"孟子用递进法论证：天时与地利，更重地利；地利与人和，更重人和。但是，孟轲老先生并没有阐述人与天、人与地、人与人的关系。历史经验说明，一个人的人脉关系多大，事业就能做多大。处理人事关系，要会爱、会舍、会忍、会让。一个会慈爱别人、会舍己为人、会忍让屈辱、会礼让三分的人，不会处不好人际关系。大师您一再讲的，范仲淹"先天下之忧而忧，后天下之乐而乐"，这样待人处事，人事关系就容易相处。

**星云大师：**

人合要随缘，可是随缘有变和不变的关系：能够随缘不变，行事才有目标原则；能够不变随缘，做人才能收放自如。

**崇年先生：**

人不能随缘，往往不能宽恕别人；人过于随缘，常常迁就放纵别人。所以，人合与随缘，掌控变和不变的尺度，这就是修养，也是智慧。

**星云大师：**

人事关系，我们要站得高一点，看得远一点。语云："有容乃大。"大海容纳百川众流，所以才能成为大海；虚空容纳森罗万象，所以才能成为虚空；做人要能包容异己，人格才能崇高。所以做人处世能多一分包容谦让，就少一分倾轧障碍，甚至更要包容对方无心的错误，这也是处世的一种尊重。

**崇年先生：**

《论语》说："有容德乃大。"包容是一种慈悲心、智慧心。

**星云大师：**

要学会严于律己、善待他人：恕己一过，则万过必因之而生；从人一善，则万善必由之而起。

**崇年先生：**

非礼勿听，心灵清净。

**星云大师：**

是非朝朝有，不听天天无。

**崇年先生：**

您的四句话可以送给所有的人："给人信心，给人欢喜，给人希望，给人方便。"

**星云大师：**

对他人，做善事。"一佛出世，千佛护持"，好的事情，不要拆台，大家支持，众人维护。

**崇年先生：**

应当尊重他人，信任他人，不要天下地上，唯我独尊。帝制时代的圭臬——以一人治天下，以天下奉一人，已经化为历史的尘埃。

**星云大师：**

处理人际关系，我在《佛光菜根谭》里说："和合无净，快快乐乐；赞美尊敬，和和气气；慈悲助人，亲亲爱爱；节俭勤劳，诚诚恳恳。"

**崇年先生：**

人际关系，从家做起。您说的话，大家都赞成："家内和睦者，家道必昌；外事和睦者，外事必办。"

**星云大师：**

最后是"己合"？

**崇年先生：**

《孟子》讲了天、地、人，但没有阐述人自己跟自己的关系。人的一大缺憾是自己跟自己经常不合。大师您一再强调要重视生命，人首先要重视个人的生命。我认为"己合"就是要珍视个人生命，为此要做到三个平衡：生理平衡、心理平衡、伦理平衡。儒学修养的最高境界是"至善"，佛学修炼的最高境界是"涅槃"。人不断修养、修炼，最后"止于至善"或"圆满涅槃"，就算功德圆满。

**星云大师：**

人要不停地修炼，不断地进步。今朝有酒今朝醉，今日薪水当天光，他们人生百年，只当人生一日。这怎么可以！社会和谐，应当律己：不嫉不疑，不打不斗，不欺不凌，不妄不骗。

**崇年先生：**

"己合"首要生理平衡。人们经常生理不平衡，所以得病。

**星云大师：**

人的肠胃不合，就闹肠胃病。人的生理和合，就不会生病。

**崇年先生：**

其实，人体哪个器官不平衡，哪个器官就出毛病。

**星云大师：**

保持生理平衡要做的事太多。佛光大学所在的林美山下，有一位一百多岁的老人，很乐观，别人去了，他还唱歌。

**崇年先生：**

您见过这位老人吗？

**星云大师：**

没有见过。

**崇年先生：**

如有机会，我想见见。

**星云大师：**

人老，不是年龄，而是心境；人生，不是岁月，而是永恒。

**崇年先生：**

不同时代的人，有不同的烦恼；不同年龄的人，有不同的苦闷。

**星云大师：**

现代人过于看重金钱。我有两句话："真正的富有，是欢喜而不是财富；真正的贫穷，是无知而不是无钱。"

**崇年先生：**

这两句话很好，不要过于看重财富和金钱，也不要过于看重权力和地位，而要切实关注健康和生命。

**星云大师：**

健康和生命当从少年、青年时就开始关注。

**崇年先生：**

"己合"还要关注心理平衡。我从报纸、杂志上看到，当下心理疾患很严重，成为世界性的问题。为此，联合国制定"世界精神病日"。

**星云大师：**

一个人关键是要心宽、要心大。一个人心量有多大，事业就有多大；一个人心能容多少，成就就有多少。

**崇年先生：**

一个人要心宽、心大，关键是要抓得起，放得下。位子、票子、房子、车子、妻子、儿子都要能放得下。这"六子"放得下，自然会心宽、心大。一个人心不宽、心不大是因为心里有怨气、有意气。

**星云大师：**

我认为：为追求进步，应该以"养气"代替"怨气"；为成就事业，应该以"和气"代替"意气"。

**崇年先生：**

如果对他人感恩，就不会有怨气、意气。

**星云大师：**

心里要常感念别人的恩德，口里要常赞美别人的长处，要包容别人。要知道，当我们嫌弃别人的时候，别人也会嫌弃我们，所以，要能包容、化解，才能和平共事。一个人若没有包容心，对看不惯的人事就会放不下，就会痛苦，所以，生活中能有"容人的雅量"，才不会有"怨憎会苦"。做事要做难做之事，处人要处难处之人；做事处人，都必须包容忍耐。包容是天地间最珍贵的德行，大海能包容鱼虾，大地能包容走兽，虚空能包容万物，而心更能包容一切。因此，为人不一定要很能干，但要能像天地大海一般，包容所有，这才重要。包容有多少，拥有就有多少。

**崇年先生：**

己合，还要伦理平衡。心术善，则人尊；行为正，则人敬。

**星云大师：**

佛家讲的"三皈"、"五戒"，从伦理讲，都是属于伦理平衡，就是民主、平等的精神。处处关心别人则不易得罪人，时时检讨自己则不易做错事。

**崇年先生：**

佛家三戒——戒贪、戒瞋、戒痴，具有普世价值。伦理平衡的关键是：力戒贪、瞋、痴。明朝的大太监魏忠贤，清朝的大贪官和珅，他们之所以不得其死，其根本原因是太贪、太瞋、太痴。要力戒贪、瞋、痴，以达到儒家修身、修心的最高境界——止于至善。

# 无心插柳，绿柳成荫

**崇年先生：**

大师讲"因缘"，我有时候想，有些事情真是"有心栽花花不活，无心插柳柳成荫"。

**星云大师：**

的确是这样。

**崇年先生：**

我自己从来不知道我能够讲，我是一直在书房里写，写论文，写专著。也是因为偶然的因缘，我才上了《百家讲坛》。当时，中央电视台《百家讲坛》节目的收视率不够高，有人想了个主意说，电视连续剧《康熙大帝》、《雍正王朝》、《努尔哈赤》等，家家都在看，这里头有些故事，观众是不明白的，可以把这些悬疑的事情抽出来讲，做个"清宫疑案"的专题。清朝有十二个皇帝，那就讲《清十二帝疑案》。最初设想请十二位清史专家，每一个人讲一个皇帝的疑案，十二个人讲十二个疑案。于是，二〇〇四年春天，《百家讲坛》一位编导打电话给我，说要开一个栏目《清十二帝疑案》，请我讲第一讲《努尔哈赤》。我说你怎么知道我？他说因为我写过清太祖《努尔哈赤传》，大家觉得写得好，所以想请我讲。我说不行。他说为什么不行啊？我真实的想法，大陆教书的人，不愿意抛头露面，宁愿待在书斋里头，没有像您说的"人间佛教"的精神。讲得好，会有人嫉妒；讲不好，会有人讥笑——你本来就不行，还现什么丑啊！我当时有杂念，没有答应。

**星云大师：**

最终您怎么就答应了呢？

**崇年先生：**

他们的诚心感动了我。第一次一个编导到我家来谈。编导来有几层意思：一个是看面相，有人口才很好，但面相不行；二是来看一看说话能力，你书写得好，不一定说得好；三是看我家里像不像一个念书的人。来了以后，编导回去报告了。说阎教授形象也还凑合，口齿也还清楚，家里面呢——我家里四壁全是书，我打了书柜一直到屋顶，您将来到北京，如果有机会的话，请您光临我的寒舍，肯定寒舍就四壁生辉了。

**星云大师：**

不敢当。

的确是这样，好多人想成名，想发财，想做事成功，倒未必行。你自己没想过要成名，却透过《百家讲坛》成名了。

**崇年先生：**

我自己真没想过要成名，也没想过要发财，更没有想过拿多少稿费、讲一集要拿多少钱，真的是没想过！

**星云大师：**

只是想教书、写书而已！

**崇年先生：**

就只是想看书、教书、写书。你要我讲，我就规规矩矩地尽点义务，把它讲好。

# 第四篇　放下

该提起的时候就提起，该放下的时候就放下。

——星云大师

不会放下，就必定背上沉重的包袱，就必然活得很苦很累。所以，我们应该学会放下。

——崇年先生

# 人生三百岁

**崇年先生：**

您强调珍惜生命，珍惜时间。

**星云大师：**

人活在世间，就是因为有生命，没有生命就没有身体，就不能活动；因为有生命，才有世界、才有人我，才有幸福、才有欢喜。生命很重要，所以要珍惜生命，要让生命活出意义，活出价值。

生命的意义，在于增进人生的真、善、美，在于服务和奉献。我这一生没有度过假，一直都是在学习、学习，服务、服务，工作、工作，所以我提倡"人生三百岁"。

**崇年先生：**

人生三百岁？

**星云大师：**

近十几年来，每到过年时，我总会题写一句祝福大众的话，诸如"祥和欢喜"、"圆满自在"、"安乐富有"、"千喜万福"、"世纪生春"、"善缘好运"、"身心自在"、"共生吉祥"、"春来福到"、"众缘和谐"、"诸事圆满"、"子德芬芳"等，为普世大众祈福祝祷，希望大家新的一年吉祥如意。明年①我为大家所写的新春贺辞是"生耕致富"。意思是说，你要维持生命，要珍惜你的生活，要想好好地生存，就要像农夫

---

① 指二〇〇九年己丑年。

一样努力地耕作，像读书人一样勤于笔耕。无论是读书或工作，都要
"勤"，生命要靠勤"耕"才能"致富"。

**崇年先生：**

天道酬勤，勤恳劳作，努力不懈，以勤致富。

**星云大师：**

是的。西谚有云："黄金随潮水流来，也要你早起去捞起它。"中
国人一向相信财神爷可以送财富，但是财神送财来，也要你礼貌地去
接受，如果你懒惰，避开了他，也不能发财。甚至围在颈项上的大饼，
你吃完了前面的部分，如果连转动一下都懒得去做，那么饿死也是
活该。

**崇年先生：**

这几年您的新春贺辞同十二生肖相联系：去年"诸事圆满"的
"诸"字，谐音寓意猪年；今年"子德芬芳"的"子"字，寓意鼠年；
明年"生耕致富"的"耕"字，既寓意牛年，又寓意勤劳，都很有
意思。

**星云大师：**

我的意思就是这样的。牛本身是很勤劳的，人也要学习牛的肯干
精神。"春天不下种，何望秋来收？"不播种，如何有收成？不劳动，
如何有成就？一个懒惰懈怠的人，即使才华过人，永远也用不到自己
的长处。如此辜负"天生我才"，岂不是很可惜吗？

**崇年先生：**

还有，您说"人生三百岁"，我根据自己人生体验有新的解释：一

般人期望活一百岁，哪来的三百岁呢？您说过早上四点起床做事，到深夜休息，这样每天早上、上午、下午、晚上，工作四个单元，比常人一天工作上下午两个单元多出一倍，等于活二百岁；再把一年所有节假日加起来乘上每天四个单元，又是一百岁。这样算来，"勤"可以活出"人生三百岁"！

**星云大师：**

你也很勤，也是"人生三百岁"。

我这一生都相信勤奋，只有努力，才能取得。多年来，我踏遍全球各地，在考察人文风俗，经过一番比较之后，深深感到前途充满希望的国家，往往都拥有乐观进取的人民；反之，在落后贫穷的国度里，不知勤奋生产的人比比皆是。我发觉那些具有恒心毅力，能够百折不挠的人们，活得最为充实幸福。我自己做过各类不同的苦工、劳役，只要利济有情的事业，纵使是经过一番辛苦奋斗，都能令我终身回味无穷。所以我经常告诫徒众说：精进勤劳，是善德，是财富；懈怠放逸，是罪恶，是贫穷。也正因为如此，我对那些劝我不要忙碌，要好好保重身体的人说："忙，才是保重，因为将来我们都有永远休息的时候。"

**崇年先生：**

我也常听到师友如此善意的劝告。但是，我觉得忙很有意义：能忙出健康，忙出成绩，忙出快乐。

我也经常碰到记者发问：您保健的秘方是什么？能让广大受众共享吗？我回答说："就是两个字：勤奋！"为了说服他们，我再引一次康熙皇帝的格言："人果专心于一艺一技，则心不外驰，于身有益。朕所及明季人，与我国之耆旧，善于书法者，俱寿考而身强健。复有能画，汉人或造器物匠役，其巧绝于人者，皆寿至七八十，身体强健，画作如常。由是观之，凡人之心志有所专，即是养身之道。"康熙皇帝总结的经验，同您个人的体验，也同我个人的感受，都是一样的。


## 最好的财富


**崇年先生：**

您那天说过，父母的教育影响子女终生。


**星云大师：**

我主要就是说，父母给我的财富，不是有形的金钱，他们给我的勤劳、慈悲、爱心，这增长了我一生的财富，也是他们给我的最好的财富。


**崇年先生：**

不少犹太人也是这样，父母留给子女的不是金钱，而是知识、智慧和健康。


**星云大师：**

人生在世，钱虽然很重要，但不是绝对万能的，因为除了金钱以外，还有许多对人生更有意义、更值得追求的东西。例如：

一、满足：有钱不满足是富贵的穷人，求得内心的满足，人生会过得很有意义。人能满足，处事才会谦恭谨慎。

二、欢喜：物质方面拥有很多但不欢喜，如同没有。更何况一个人拥有多少是有限的，对世界上一切都抱持享有的观念，欢喜就无所不到。学佛要把自己学得很坚强，不为境转，就是欢喜的来源。

除满足、欢喜外，健康、智慧、慈悲、愿力、忏悔、感恩，都是人生很值得追求的东西，也才是我们真正的财富。

## 崇年先生：

金钱的确不是万能的。父母留给子女的，既有基因的遗传，也有后天的教育。说一个真实的故事。一天，我的一位做母亲的同事找我说，阎老师求您一件事，我的孩子快中考了，贪玩，不用功，请您到我家跟他谈一谈，教育他认真读书，特别是在"五一"七天长假期间。我问这位同事：七天长假，孩子的父亲做什么？回答说出去忙，会友喝酒，回家很晚。我又问：您放假七天做什么？回答说看电视。他们家住两间房，没有客厅，天热开着房门。我说：您乌拉乌拉地放电视，小孩子能安下心学习吗！我教您一个办法，就是到图书馆借一大摞书，七天假期，看七天书，上午、下午、晚上全看书，除了做饭和吃饭。看累了，不愿看，也要硬着头皮看，甚至于装模作样也要看。她果然照做了。节后上班，这位家长告诉我：您说的法儿真灵，孩子看一会书想玩，一看我在看书，他又回到房间看书。我说，这就叫身教重于言教。对于一个孩子来说，家庭的文化环境比家长说教更重要。

## 星云大师：

金钱可以买到化妆用品，但是买不到高贵气质；金钱可以买到美丽衣衫，但是买不到身形庄严；金钱可以买到珍馐美味，但是买不到食欲健康；金钱可以买到宽广大床，但是买不到甜美睡眠；金钱可以买到高楼大厦，但是买不到崇高道德；金钱可以买到书报杂志，但是买不到聪明知识；金钱可以买到器皿家具，但是买不到欢喜满足；金钱可以买到酒肉朋友，但是买不到患难知交；金钱可以买到多数选票，但是买不到真正人心；金钱可以买到公司银行，但是买不到般若智慧；金钱可以买到人呼万岁，但是买不到合掌尊敬；金钱可以买到高官厚爵，但是买不到成圣成贤……

**崇年先生：**

大师所言十二个"金钱买到、买不到"极是，值得人们好好反思：人们追求金钱，到底能不能真的让自己欢喜圆满？

**星云大师：**

有一个笑谭，阎罗王问两个小鬼："给你们两个到人间投胎做人去，一个过接受的人生，一个过给人的人生，你们哪一个人要接受，哪一个要给人？"哥哥说："我要接受。"弟弟随着说："那我就给人好了。"阎罗王说："那好，哥哥你就投胎去当乞丐，每天接受别人的施舍；弟弟你去出生在富贵人家，专门布施给人！"

**崇年先生：**

哲学上有句话：一切事物都在朝着自己相反的方向转化。两位兄弟，想得到的没有得到，没想得到的反而得到。世间有无，互相转换。

**星云大师：**

所以，不管你有多少钱，总之，要懂得"给"，给佛门、给大学、给社会、给需要的人。舍得给，就是富贵的人。

**崇年先生：**

"给"是高尚，"舍"也是幸福。人要懂得把有形的财富和无形的财富与人分享。

# 吃苦当吃补

**崇年先生：**

人生有百味，但是，大多数人都喜欢尝甜头，不欢喜吃苦头。

**星云大师：**

人生本味，酸甜苦辣，百味杂陈。有人喜甜，有人爱酸，有人吃苦，有人好辣；一桌佳肴，有酸甜苦辣，能够各食其好，各取所需，才能皆大欢喜。酸甜苦辣既是人生本味，如果人生想要创造未来，耕耘前途，发展事业，只能吃甜，不肯吃苦，这就不容易有所作为了！

**崇年先生：**

所以中国有句老话说：不吃苦中苦，难为人上人。只有吃得苦中苦，方能做得优秀人。

**星云大师：**

"不经一番寒彻骨，怎得梅花扑鼻香。"吃苦，是成功必经的过程，你要想有所成就，就必须埋头苦干、勤劳苦作、寒窗苦读、圣贤苦学。因为苦是人生的增上缘，如果不经过苦读、不经过苦学、不经过苦练、不经过苦磨，是不能成功的。甚至，不经过风霜苦寒，哪里知道温暖的可贵；不能深切认知人生苦短，哪里懂得精进勤学。所以，吃苦就如吃补；有了今日的辛苦播种，他日自然会有苦尽甘来的甜美果实。

**崇年先生：**

所以司马迁在《报任安书》中说："盖西伯拘，而演《周易》；仲尼厄，而作《春秋》；屈原放逐，乃赋《离骚》；左丘失明，厥有《国语》；孙子膑脚，《兵法》修列；不韦迁蜀，世传《吕览》；韩非囚秦，《说难》、《孤愤》。《诗》三百篇，大抵贤圣发愤之所为作也。"可以再加上"司马宫刑，愤修《史记》"。这些圣者、贤者、智者、能者，都是先吃苦中苦，才有大成就，后得甜中甜。

**星云大师：**

　　自古的伟人圣贤，哪一个不是从苦难中慢慢奋斗成功的？佛陀的六年苦行，达摩的九年苦苦面壁，王宝钏经过十八年苦守寒窑，才能为人记忆；苏秦悬梁刺股，苦学有成，才能为人所称道；孙中山一生的辛苦，半生的奔走，才能创建民国；王冕穷困中不忘苦学，才能成功。所以，一个人的成就常常都是从血汗、辛苦、委屈、忍耐、受苦中，点滴累积而成。正如松柏必须受得了霜寒，才能长青；寒梅必须经得起冰雪，才能吐露芬芳！所以说，不吃苦，就不能做佛祖。吃苦就是吃补，诚然如此！

# 该放下时就放下

**星云大师：**

　　今天的人们，一听到"放下"两个字，并不感到欢喜。放下、放下，功名放下，金钱放下，爱情放下，所有利益都放下。那么，放下了以后，我还拥有什么呢？

　　放下不是没有，放下才能自在，放下才能解脱。该提起的时候就提起，该放下的时候就放下。好比一只皮箱，需要用的时候就提起，不需要用的时候还提在手上，那不是很累吗？

**崇年先生：**

可是人们往往不知道在该放下的时候放下，所以很累，也很辛苦。该放下的放下，才能心中虚空，才能消除烦恼，才能排除业障。

**星云大师：**

有一个外道来访问佛陀，为了增进友好，他带了两盆花。佛陀一见到他从门外进来，就说："放下！"于是他把一个花盆放下来。佛陀再说："放下！"另外一盆花也放下来。但是佛陀再说："放下！"外道就问了："喂！佛陀，花都放下了，还要放下什么东西？"佛陀回答："放下你的知见，放下你的执著，放下你的狐疑。"所以，如果不放下，就算是功名、富贵、金钱、爱情再多、再好，也会成为压力。

**崇年先生：**

现在的人为什么会有压力？正是因为想得到的东西太多，该舍的不舍，该放的不放。

**星云大师：**

过去，我受过多少人的伤害毁谤，也不去管它；曾经受过很多人的赞美，我也不太介意。不过，有一位老师赞美了我一句话，这句话让我很欣赏。当时，我担任佛学院的院长。那位老师说："我们的院长啊，举重若轻。"多少的弘法责任要去完成，多少的房子要去盖，早晚课诵也要参加，每天人来客去，很忙啊！但是我是师父、我是院长，我也不能忙得很紧张，不能让人家看到我匆忙的样子，应该要忙得很从容，好像若无其事。所以我在忙的时候，总喜欢摆出一副悠闲的样子，即使是很重的担子，到了我这里，也变得轻而易举。

**崇年先生：**

我也讲一个故事。从前有一个富翁，整天感到不快乐，便背着许多金银财宝，到处寻找快乐。他在翻越万水千山后，依然没有找到快乐，感到沮丧，唉声叹气。这时，一位樵夫正担着一担柴禾从山上走下来。富翁问樵夫："我家产万贯，衣食无忧，却找不到快乐。请问，这是为什么？"樵夫放下沉甸甸的柴禾，坦然地说："对我来说，放下就是快乐啊！"富翁闻罢，茅塞顿开：是啊！自己背负那么重的金银财宝，整天忧心忡忡，怎么会有快乐呢？随后，他将携带的钱财接济穷人，专做善事。这样，他放下了压在心头的负担，心灵由此得到滋润，终于找到了快乐。这个故事也说明，只有放下才能找到快乐。他们的快乐都源于"放下"：樵夫因放下肩上沉甸甸的担子而高兴，而富翁则是因放下了心头的负担而快乐。

**星云大师：**

回忆我的一生，一切都会很快放下，不挂念未来，也不排斥当下，所以一切都很愉快。不过，对于社会上的人，不论是在家庭上，或是职业上，都会有很多压力，"放下"二字，说起来容易做起来难，所以对于生活上的人情是非，只有放下一点，举重若轻，才能过关。

**崇年先生：**

人生的诸多烦恼追根溯源就是不会放下，不肯放下。不会放下，就必定背上沉重的包袱，就必然活得很苦很累。所以，我们应该学会放下。放下那些累赘，让心身多一份自在、轻松和愉悦。

# 眼观鼻，鼻观心

**星云大师：**

我个人的生活一向很简单，有时候三餐"以茶泡饭"也可以吃得很满足。因为我对物欲需求不高，甚至可以说"安于贫穷"，所以在弘法的旅途中，一路走来都能不因生活贫乏而退失道心。

记得一九四九年来到台湾之后，没几年就受邀到宜兰弘法。当初宜兰没有和尚，尤其像我那么年轻的出家人更是少见。我那时才二十多岁，第一次到宜兰北门口雷音寺，看到寺里的设备十分简陋，生活条件很差，但我没有生起嫌弃的心。尤其在我第一天到达雷音寺的时候，连上个厕所都看不到厕所在哪里，因此必须走二十分钟的路程到火车站去上厕所。因为这样，训练我一直到现在，从早上上过厕所之后，到晚上都不用再上，这是慢慢训练成功的。

**崇年先生：**

真是硬功夫。那天我同您从高雄经台南到台中，早上八点出发，傍晚六点回来，有十个小时，期间您关照我上净房 ①，可是我注意您没有去。一位八十多岁的老人，连续十个小时不去洗手间，真是功夫！

**星云大师：**

我记得当年走在宜兰中山路上的时候，很多人都站在店家门口朝着我看。我感觉到他们在旁边看我，所以就更加的"眼观鼻、鼻观心"，正经地往前走。我常说，所有的信徒都是督促我成长、帮助我成长的

---

① 即洗手间。

老师，我要感谢他们。

**崇年先生：**

长辈也是监督我成长的老师。我的祖母要求我们走路要挺胸，不许斜视，不许东张西望，要站有站相，坐有坐相，这对我以后的行动坐卧都有帮助。

**星云大师：**

在佛门讲"四威仪"，就是行如风，立如松，坐如钟，卧如弓。行走时，如和风般轻快洒脱；站立时，如古松般笔直挺拔；坐下时，如大钟般沉稳庄重；安眠时，如弯弓般右胁而卧。这种卧法是右胁向下，两足相叠，以右手为枕，左手伸直，轻放身上的卧法，可以收摄身心，不忘正念。因此，又称"吉祥卧"。

**崇年先生：**

仪表很重要。十一月二十五日，您在如来殿做开示，那天大殿人太多，有些人坐不下，就坐到台上。您讲话时间很长，一位听众站起来给您送上一杯水。您说："我不喝！我从来讲话不喝水，以示对听众的尊重！"还说："我要有威仪！"当时我想，台下的听众不能喝水，台上的讲者也不喝水，讲者、听者都不喝水，这就平等。转念一想，台上人在讲，费口舌；台下人在听，不费口舌，所以台上讲者喝水，台下听者不喝水，这是可以理解的。

**星云大师：**

我演讲几个小时不喝水，主要是对听众的尊重。

**崇年先生：**

十二月一日到四日晚间，我在佛光山大会堂给丛林学院师生做报告，每天一场，连续做了四场报告。演讲时，主持人、听众都让我喝水，我说："我向星云大师学习，台上做报告不喝水，以示对大家的尊重。"

**星云大师：**

"尊重"是做人应有的修养，也是佛门一个很重要的修行。在佛教里，信徒恭敬佛、法、僧三宝，法师也要爱护、尊重信徒，所以我常对徒众说：要对信徒添油香。你给信徒欢喜、法益，是对信徒添油香；你爱护、尊重信徒，也是对信徒添油香。

几十年来，我在佛教里一步一脚印地走，要办报纸，有大家发心出钱出力一起办报纸；要办电视台，大家一样出钱出力办电视台；要办大学、中学、小学、幼儿园，乃至盖道场，大家仍然是出钱出力办学校、盖道场。大家的发心真是无穷无尽，无有休止，他们除了生活上的种种家用开支以外，为了信仰，无不诸多奉献。当然，有的人很欢喜乐助，但也有的人省吃俭用，比较勉强。也有的人做资源回收，捡垃圾、拾破烂，卖了钱之后，捐给佛光大学作为兴学之用，每个月一百元、一百元地赞助，让我很感动。实在地说，不是我教育了信徒，而是信徒教育了我。

# 以道相处，以法结交

**星云大师：**

今晚在这里吃饭的，原本应该只有我一个人，但是每次吃饭时间到了，许多人都不晓得从哪里跑来了，平常没看到人，吃饭时就出现了，他们也不会跟我预约。我就这一张桌子，再多人，也没有地方坐了，我也没有办法。

**崇年先生：**

上次吃饭，您跟我说这个案子是您的办公桌、饭桌，又是开会的会议桌，我问这个案子多长，您说不知道。当天晚上，我的夫人在纽约，我就给她发个短信，我把这事说了，我夫人就回了一个短信说："史家求'实'，佛家讲'虚'，史家求'真'，佛家说'空'，你就不如大师了。"

**星云大师：**

你的夫人很有见地，了不起。

**崇年先生：**

谢谢！

您这里真是一个大家庭。

**星云大师：**

徒众们跟我相处很简单，师徒有尊严，也很民主，三分师徒，七分道友。

**崇年先生：**

既有尊，又有严，他们对您很"尊"，尊敬、尊重，您对他们也要求很"严"，严格、严肃。

**星云大师：**

所以这个尊重，不是权力换来的，完全是相处来的。人道，一个"道"字，就是以道相处，以法结交。

**崇年先生：**

大师是和弟子"打成一片"，很难得，真是相处有道。

**星云大师：**

不敢当。不过说起相处，要想彼此之间相处得愉快，减少摩擦和冲突，最好要搭起"四道桥梁"。

**崇年先生：**

是哪四道桥梁？

**星云大师：**

第一道桥梁是：见面三句话。中国人说，见面三分情，大家有缘相见，为了表达我们的友善，诸如：你好、今天很好、今天天气很好，或是你来了、你辛苦了、请坐……赞美的语言，像香水，一滴能使四周弥漫迷人的香气。我们到其他国家旅行，他们热情地说 Hello! How are you! Good luck! 我们听了都很开心。见面三句话，赞美和祝福，搭起我们第一道友谊的桥梁。

第二道桥梁是：相逢要微笑。不论是故旧或新交，一张有表情、有笑容的脸孔，使人如坐春风，彼此心无城府地笑谈人间事。一个肌肉紧绷的人，就像一朵失去颜色和香味的花，得不到别人赞赏的眼光。

第三道桥梁是：生气慢半拍。如果感觉自己如愤怒的火山即将爆发时，不妨深呼吸，把到嘴边的话，慢个半拍说出来。比方大家一起唱歌，你慢半拍，跟不上节奏，当生气的暴风雨曲目正要演唱时，你稍微慢个半拍，你的心境就会大不相同，即使余怒未息，至少会减弱许多生气的杀伤力，不致对彼此的情感产生伤害。

第四道桥梁是：烦恼自说好。烦恼时，不要伤害自己，更不要波及别人。目前社会上流行提高我们的 EQ，烦恼来时，先不要厌恶排拒它，要以迎接老朋友般的欢喜心情来看待。情绪就像面对一团乱麻，让你剪不断，理还乱，当我们不剪也不理时，只是先澄清我们的心，再用这份澄清之力，替烦恼结束穿绳，不再纠缠零乱我们的身心。

**崇年先生：**

见面三句话，相逢要微笑，生气慢半拍，烦恼自说好，搭起了人与人之间交际的四道桥梁。

## 谦尊而光，人之美德

**星云大师：**

出家人、在家人，都应当谦虚。谦尊而光，是人的美德。

**崇年先生：**

《周易》说："天道亏盈而益谦，地道变盈而流谦，鬼神害盈而福谦，人道恶盈而好谦。"

我的理解是：

第一句话，"天道亏盈而益谦"，就是说"亏"是减损，减损盈满，增加谦退。如日中则昃，月盈则亏，就是亏减其盈。盈溢满的亏减，谦者就会受益。

第二句话，"地道变盈而流谦"，就是说丘陵川谷，高的渐下，低的渐高，是改变"盈满"者，流布"谦德"。

第三句话，"鬼神害盈而福谦"，就是说骄盈者被害，谦退者受福，也就是害盈受害，而谦得福。

第四句话，"人道恶盈而好谦"，就是说盈溢骄慢，众人厌恶；谦退恭俭，众人喜欢。

总之，就是您刚才所说的"谦尊而光"。

# 成就归大众

**崇年先生：**

我觉得您这六十年是很成功的，您从孤身的一个穷和尚，到这里来开辟这么一片天地，实在是不容易。您这六十年最主要的经验是什么？

**星云大师：**

"以众为我"，大众就是我。我有四句话："光荣归于佛陀，成就归于大众，利益归于常住，功德归于信徒。"这四句话是佛光山的处事原则，我作一下说明：

一、光荣归于佛陀：在佛光山，每一个人做事的成绩，都不归功于个人，一切荣耀都献给佛陀，因为所有的成果都是仰仗佛的光明而成的。

二、成就归于大众：佛光山讲究集体创作，不标榜个人贡献，一切的成就，都是大家共同努力得来的结果，所以一切成就归于大众。

三、利益归于常住：佛光山平时所收的油香，都是善心人士所捐献，都应当归于常住，涓滴归公，不能私人拥有。

四、功德归于信徒：假如佛光山对社会大众所作的贡献，有了一些功德，这些功德都应当归于信徒，因为这都是十方信众奉献金钱、劳力、心力而得的结果。因为有他们的布施，佛光山才能从事文化、教育、慈善方面的事业，才能利益广大的社会大众。

**崇年先生：**

无我。

**星云大师：**

现在你看佛光山，可能还有一点没看到，就是没有人吵架，没有人斗争，没有人胁迫你，也没有人钩心斗角。

**崇年先生：**

吵架我是没看到，斗争我也没看到，但是从佛理上来说，万物都是有差别的，有差别就会有矛盾，有矛盾就会有斗争——明显的或隐蔽的，激烈的或和缓的。

**星云大师：**

这个很多。

**崇年先生：**

有矛盾，有时候就会有摩擦，所以主要是不要把它酿成一件事情，要很快就把它化解了。有时候母女之间也会吵架。

**星云大师：**

意见一定会有。你看，佛光山有那么多的信徒，但是没有一个人来找我，因为我和他们不是完全用感情来往的，不是世俗之家，他们都很体谅我。有佛法就好！

**崇年先生：**

就我接触到的僧俗众人，大家对您非常敬重、尊重，信任、信赖、热爱、热情，都是发自内心的。

## 朋友有四品

**崇年先生：**

儒家常说：君子小人，如同水火。君子谋事，小人谋人。小人见到君子为善，就要扰乱。这个时候，肚量要大，气量也要大，所谓"宰相肚里能撑船"，就是这个意思。君子要"当无瞋责"，小人会"而自恶之"。我查了一下，《论语》中"小人"一词共出现二十五次，可见孔子对小人的重视与厌恶。我父亲告诫我：君子千人不算多，小人一个就不少！但是，正如《论语·述而》所说："君子坦荡荡，小人长戚戚！"

**星云大师：**

其实，有小人也并不奇怪。没有黑暗，哪有光明；没有罪过，哪有善美！

**崇年先生：**

尽管人生会有小人，但是不能没有朋友。朋友也不相同：有一时的朋友，有一地的朋友，有一事的朋友，也有终身的朋友。

**星云大师：**

佛经里说朋友有四品，就是说有四种朋友：

一、有友如花。有的朋友对待你像花一样，当你盛开的时候，他把你插在头上，供在桌子上；假如你凋谢了，他就把你丢弃。也就是说，当你拥有权势、富贵的时候，他把你捧得高高的，凡事奉承你、随顺你；一旦你的功名富贵没有了，失去了利用的价值，他就背弃你、离开你，这是嫌贫爱富的朋友。

二、有友如秤。有的朋友像秤一样，如果你比他重，他就低头；如果你比他轻，他就高起来。也就是说，当你有办法、有名位、有权力时，他就卑躬屈膝、阿谀谄媚地向你低头；等到你功名权力没有了，他就昂起头来，看不起你了。

上面两品是不好的朋友，是损友。

三、有友如山。有的朋友像高山一样，山能广植森林，豢养一切飞禽走兽，任凭动物聚集在里面，自由自在地生活。所以好朋友像山，有着广阔的心胸，就像孟尝君一样，有食客三千，能容纳很多的朋友。

四、有友如地。有一种朋友如大地，大地能普载万物，我们在大地上建房子，栽种花草树木，乃至人、车行走其上，大地都毫无怨尤地承受着。

以上两品是好的朋友，是益友。世间上每个人都需要朋友，需结交好友、益友。

**崇年先生：**

大师讲的朋友四品很好。孔子也讲到益友与损友。《论语·季氏》说："益者三友，损者三友：友直，友谅，友多闻，益矣；友便辟，友善柔，友便佞，损矣。"就是说：跟正直的人、诚信的人和博学多闻的人交朋友，会有益处；跟逢迎谄媚的、阿谀奉承的人和花言巧语的人交朋友，就有害处。所以要明白自己哪些朋友是益友，哪些朋友是损友。

**星云大师：**

所以，朋友相交，贵在知心。真正的好朋友应该患难与共，也就是当你需要的时候，他随时都会伸出友谊之手。

**崇年先生：**

我见到一篇人物专访《吴伯雄——一个台湾政治家和他的时代》，文中说吴伯雄先生遇到一个困惑，前去请教您该怎么办。您的回答是："菩萨也有金刚怒目时，你要救众生。"吴先生便接受了国民党主席的职务。又一次，吴伯雄先生再求教，您的答复是："退一步海阔天空，人生何必过得这么苦，本来圈子就这么大，你自己划一个小圈圈，把自己蹲在那里干什么呢？"最终，吴伯雄先生选择了放弃，赢得了主动。还有一次，为营造马英九与王金平和合的气氛，吴先生在禅净中心的墙上，贴了您"退一步逍遥自在，让三分吉祥平安"的话作对联，横批则是"诸事圆满"，取得圆满的结果。

**星云大师：**

这是我应该做的。

# 交友须交畏友

**崇年先生：**

宋朝有一个人督陶官叫罗愿，学问人品，做官做事，备受称道。史书说，有位叫汤公汉的书生，欣赏罗愿人品，收藏罗愿文集，当成范文，"每为文，必读数十百过方下笔"。理学大师朱熹器重罗愿，把罗愿视作畏友。

**星云大师：**

什么是"畏友"？

**崇年先生：**

明代学者苏竣把朋友分作畏友、密友、昵友、贼友四类，他说：

> 道义相砥，过失相规，畏友也。
>
> 缓急可共，死生可托，密友也。
>
> 甘言如饴，游戏征逐，昵友也。
>
> 和则相攘，患则相倾，贼友也。

人生在世，或多或少，都有朋友，友却不同。"昵友"说话中听，一起玩乐，可以同甘，不能共苦。真要遇到沟沟坎坎，甚至到了生死关头，只有"密友"可以托付。至于有些人，得意时对你百般逢迎，失意时对你落井下石。名曰朋友，实为"贼友"。"贼友"这个概括，准确深刻精粹，交往应当警醒。而"四友"当中，畏友

> 用真心对待自己，
>
> 用道义砥砺自己，
>
> 用慈善感化自己，
>
> 用规矩匡正自己。

这种朋友坚持原则，甚至不近情面，令人望而生畏。但是，畏友督促自己走正路，鼓志气，亲君子，远小人，怀善心，成大事，真正为自己考虑长远，这才是朋友交往之道。当然，各种朋友，都应当交。

**星云大师：**

确实，一生要是能交几位"畏友"，是大有好处的。

# 创业维艰，守成不易

**星云大师：**

我一生不用抽屉，没有钥匙，没有存款，也没有名下的财产。

**崇年先生：**

您是"无"、"空"，但是也"有"，有数以百万计的国际佛光会会员。

**星云大师：**

空即是色，无即是有。我无论在哪里都"有"。我单纯，多，我做不了；我简单，一句话，问题就解决了；一件事，我服从你就是，你可以不用再来找我谈。也因此，越来越大，越来越多。

**崇年先生：**

大繁则简，大道则隐。《老子》说："大音希声，大象无形。"我觉得，身为一个开创者、一个创始人，后面的人能体会他的真实意图、理念并贯彻、实行，很不容易。

**星云大师：**

创业维艰，守成也不易。能有想法一致、理念相同的人出现，实在是一件值得欢喜的事。

**崇年先生：**

雍正帝说过："创业难。"乾隆帝则补充说："创业难，守成也不易！"从古到今，都是创业维艰，守成不易。我也曾创立一个满学研究所、一个北京满学会，但后来我逐渐逐渐不做了。他们对我都很好，但我发现他们对我的一些主要理念根本没有理解，我不做了之后，也就不干预他们的事情。我觉得做学生要能理解老师的精神和意图，很重要，也很难很难。

**星云大师：**

要能青出于蓝而胜于蓝，要更加超越。

**崇年先生：**

难，难，太难！"青出于蓝而胜于蓝"，这是荀子的一个理想。为什么不容易超出呢？就是因为几百年才出一位杰出的人才。《孟子·公孙丑下》说："五百年必有王者兴，其间必有名世者。"五百年才有一个王者兴，一般人他理解不了。

**星云大师：**

每一个行业，譬如京剧，都是一样，佛家叫做"因缘"，因缘际会，风云际会。

**崇年先生：**

现在在北京，梅兰芳的京剧，有好多年轻演员说要学、要超越，我说学可以，超越不易，梅兰芳这种大师，也是一百年、两百年才出一位。这种人才不容易出。出的多了，就不伟大了，就成不了大师了。

# 感人至深的《十修歌》

**崇年先生：**

　　我听到法师传唱您写的《十修歌》，通俗易懂，十分感人。

**星云大师：**

　　是的，让觉居法师和满益法师合唱一遍。

　　（觉居法师、满益法师合唱《十修歌》：）

　　一修人我不计较，

　　二修人我不比较，

　　三修处世有礼貌，

　　四修待人要微笑，

　　五修吃亏不要紧，

　　六修待人要厚道，

　　七修心内无烦恼，

　　八修口中都说好，

　　九修所交皆君子，

　　十修大家成佛道。

　　要是人人能十修，

　　佛国净土乐逍遥。

**崇年先生：**

　　这支《十修歌》，道理浅显，寓意深刻，容易普及，很有意义。听了之后，深受感动。要是人人传唱，家家传唱，定会净化心灵，改善社会生态，于己于家，于民于国，大有好处，带来福祉。

# 第五篇　悟道

在禅门里，参禅重在教人悟道，而不是教人成佛。只要能悟道，还怕不会修行吗？

——星云大师

做事情、做学问，要能契理契机，事理圆融，心灵觉"悟"，非常重要。

——崇年先生

# 心灵觉"悟"最重要

**星云大师：**

　　我一生演讲无数，感到最难的是如何"契理契机"。最初，往往为了一篇讲稿，日夜揣摩听众心理；常常为了一句名相，反复思维其中深意，为的是希望大家都能听懂受用，并且能运用到生活上，以作为现实生活的指南。

**崇年先生：**

　　我有类似的体会。譬如，我讲《明亡清兴六十年》最后一讲的大结局部分，怎样在三十二分二十秒的时间内，把明朝灭亡和清朝兴起的原因说清楚，让专家学者觉得可听，平民百姓觉得可看，这就很不容易。从一开始我就思索着结尾这个难题，前后想了三个多月。一天夜里两点，我似醒非醒、似梦非梦地醒来，一下豁然开朗——明亡于一个"分"字，就是民族分、官民分、君臣分；清兴于一个"合"字，就是民族合、官民合、君臣合。我很兴奋，披衣起床，打开电脑，把心灵所思记录下来。这个观点讲了之后，从科学院院士到普通百姓，都觉得可以认同。这就是您说的"契理"。有时"契理"是不可言喻的，需要"悟"。这"悟"很重要。佛教人物有三个"悟"的故事：第一个是释迦牟尼在菩提树下悟佛，第二个是怀素见闪电悟书，第三个是惠能大师作偈悟禅，都是一个"悟"字。做事情、做学问，要能契理契机，事理圆融，心灵觉"悟"，非常重要。

**星云大师：**

　　你平时也很注意佛教的故事？

**崇年先生：**

是的。我在给学生讲治学时，讲过怀素悟到书法的真谛。唐代大书法家怀素，写狂草著名。他在《自叙帖》中说："经禅之暇，颇好翰墨。然恨未能远睹前人之奇迹，所见甚浅。遂担笈杖锡，西游上国。谒见当代名公，错综其事。"怀素幼年家贫，有用叶作纸、漆盘练字、秃笔成塚、盘底磨穿的记录。一天傍晚，他观看夏云奇峰、闪电蛇舞，受到启发，顿悟书艺，成为狂草。他悟到狂草的要领："奔蛇走虺势入座，骤雨旋风声满堂"；"笔下惟看激电流，字成只惟盘龙走。"从而成为书法大家，有"狂（张）颠醉（怀）素"之誉，是中国书法史上的一座丰碑。

**星云大师：**

你还讲过惠能大师？

**崇年先生：**

是的。我讲：禅宗弘忍大师晚年，要传授衣钵。先由大弟子神秀大师作偈："身是菩提树，心如明镜台；时时勤拂拭，勿使惹尘埃。"小弟子惠能也作了一个偈："菩提本无树，明镜亦非台；本来无一物，何处惹尘埃。"弘忍大师将衣钵秘密传给惠能大师。后来惠能大师逃到南方，成为佛教禅宗南派首领，神秀大师则为北派首领。我讲这些例子，都是为了向学生说明"悟"是很重要的。对于做学问来说，难得做到"慧识两精"。可以说，天地之间，悟莫大焉！

**星云大师：**

惠能大师是禅宗六祖。这两首偈子的不同，在于神秀大师的境界虽高，但还落于有相有为的层次，而惠能大师体证的是无相无为的智慧，境界更为超越。因此，五祖便将衣钵传给了惠能大师。

**崇年先生：**

读书的时候，要参研事理，在殚心竭虑中，激发觉悟灵光。要注意抓住在半梦半醒之中、亦梦亦幻之际，失神凝望之时、困苦磨难之间可能产生的灵感，这就是"悟"。做学问尤重悟性。许多学者，埋头读书，积累资料，缺少参悟。其他业者，忙忙碌碌，纠缠事务，唯缺顿悟。

**星云大师：**

悟，的确重要。在禅门里，参禅重在教人悟道，而不是教人成佛。悟，如同人睁开了智慧眼，能看清宇宙万有、社会万象；不只是看到外相，还能看清前后关系。只要能悟道，还怕不会修行吗？

**崇年先生：**

看来，佛家、史家要做好，都要重视"悟"。要悟到"契理契机"，既要"契理"，又要"契机"。悟理虽重要，悟机更重要。人们常说机会，"机"为时机，"会"为相合，就是说，时机到了，会合有了，或者说时机具备了，条件成熟了，一定要抓住，千万不可错过。因此，成大事者，善抓时机。事情千条万条，时机最为重要。做大事，本乎机；成大事，存乎会。古今中西，盖由于此。

## 小疑小悟，大疑大悟

**崇年先生：**

您刚才说"智"，儒家的"智"和佛家的"智"有什么差异？

**星云大师：**

儒家的智与佛家的智还是有些不同。知识太多，有时聪明反被聪明误。把"知"这个字加个"疒"字边，就变成了"痴"，意思就是知识出了错误，知识生病了。若把知识变成智能，例如现在科学家发明空调、汽车，这些都是智慧的展现，但是汽车会造成车祸，空调会让人感冒，所以，这样的智慧还不是究竟，还是有毛病。

佛教里面讲的"智"，是一种"无分别智"，它超越对待，超越生死，超越人我。它好像一面镜子，不会拣择、分别，人到镜子前，显现的就是人；猫狗到镜子前，显现的就是猫狗。因此，佛教的智慧如同一潭清水，如果你的心绪动乱，就像大风一起，湖面波涛汹涌，也就看不清楚自己的影子。如果你的心澄静下来，就是无分别智，心不动了，什么样貌都能现前。所以佛教的智慧，它不但有体、相，还有用——活用。

举例说，父母打儿女，人家就问："你爱他，怎么要打他？"有时候打也是爱，甚至比一般的爱更难以掌握，难以执行，境界更高。就是讲布施，有些时候也不一定都合理，例如我拿钱给你，你却拿去赌钱，最后钱都败光了；我拿钱给你，你却拿去乱吃，最后吃出毛病来。所以，布施重要的是要能给人成长，给人升华，更重要的是要有意义。从这个地方来说，儒家和佛家的智既有分别，亦无分别，境界也是不同的。

**崇年先生：**

儒家的仁、义、礼、智、信，"智"排第四位；佛家的悲、智、愿、行，"智"排第二位。"悟"也算是智慧的一部分吗？

**星云大师：**

悟，也有层次的不同，所谓"小疑小悟，大疑大悟，不疑不悟"，悟是很自然的事情。比方到了你这种程度，什么问题来了，自然就会有看法、有意见。为什么？因为你对问题有研究，有悟道。许多人很聪明，有见解，像诸葛亮掐指一算，那不是刻意地掐指一算，在他来说，是一种自然的反应；他是悟道，对问题能有独特的解释。

悟，很难讲。你说我有开悟吗？应该说没有。你说我没有开悟吗？那也不会。我不开悟，怎么能在台上跟大家讲几个钟头呢？怎么能坐在这里跟你对话呢？当然是我对一些道理有明白，但这个明白还没有到大彻大悟：佛教的禅宗讲究大彻大悟。不过，你说我现在没有大彻大悟吗？平时我也观照自己：老病死，我会怕吗？这就要看我的悟道功力了，有功力就不会怕，为什么？死即是生。我常常说，生死是一体的，死了以后还会再生，身体坏了，再换一个新的身体，更好啊！

**崇年先生：**

您刚才说的"小疑小悟，大疑大悟，不疑不悟"，很有道理，我们做学术研究也是一样，先疑，疑完了就研究，得出一个新的结论，就是悟出一个道理。

**星云大师：**

你前面讲到了三个开悟的例子，我再作个注解。

第一个是释迦牟尼佛的悟，那是超越的，没有对待的。他悟的那一刻，石火电光，没有时间，没有过去、现在、未来；没有空间，没有这里、那里。因为没有时间，所以几百年前、几千年前很多的东西，都会浮现眼前；因为没有空间，所以十方的东西，都向他集中而来。就在这里，当下就是。"我看到"、"我了解"、"我认识"、"喔，原来是这样"，这就是真理的契合。

佛陀开悟的第一句话："大地众生皆有佛性。"人人都能成佛，我认为他的悟道宣言，就是开示众生平等。他悟到宇宙世界是整体的、一体的，没有你、我、他的分别，我就是众生，众生就是我，我就是宇宙，宇宙就是我。所以宋代理学家陆九渊先生说"宇宙就是我的心，我的心就是宇宙"，大概都是基于这样的一个原则。

第二个是怀素见到闪电悟到狂草，那是随顺大自然的悟。等于舞蹈家听到歌声，他自然地就跟着舞动。这一次北京老市长张百发先生带领北京京剧团来台湾演出，只要有人站到台上一唱，他就会跟着应和。

现代人对外境的相应，往往是与坏的境相应，要与顺的境相应很难。怀素他可以从一花一草一木里面，探索生命本源，他能把流星闪电汇到艺术创作里，这种动乱中的平衡，动乱中的美丽，境界自是不一样了。摘叶飞花、无影神拳，大地山河都随着我们的心在变化，我们的心意可以控制世界，但往往我们是随着观念在转变，而不能去转变观念。

第三个是六祖惠能大师的悟道。其实他本来就悟道了，比方说，六祖到了磨坊，五祖问他：米熟了没有？他说："早就熟了，只欠筛一筛。"意思就是只欠缺印证，等于你还没有发给我毕业证书。五祖大师说："好，跟你讲《金刚经》。"讲到"应无所住而生其心"的时候，惠能大师言下大悟。

现在人的心都住在哪里？住在色、声、香、味、触、法的六尘境界里，住在饮食、衣服、男女、亲情里，这许多都不安全，都会为我们带来烦恼。所以，要"应无所住"，不要给六尘浮动，否则就犹如地震有可能毁坏一切；要在无住之处而住，才是安全的。

六祖一听到"应无所住而生其心"，内心就不禁涌现出这样的想法："何其自性，本自清净；何其自性，本不生灭；何其自性，本自具足；何其自性，本无动摇；何其自性，能生万法。"这话就表示他悟了。"何其自性，本不生灭"，原来我们人没有生灭，没有生老病死，本来如如不动；"何其自性，本自具足"，原来我不缺少什么，我本自具足，我不需要人家给我什么；"何其自性，能生万法"，自性能生万法，可以改变这个世界，重新建设自己的人生。因为他说了这样的一段话，最后得到五祖的认可：你可以带着你的智慧，到广州弘法去。

这个故事，阐述五祖弘忍对六祖惠能的提携、接引及带动。禅门类似这样的故事有很多。有时候，悟道是突如其来、莫名其妙的，例如：有的人听到碗跌破声，悟道了；有的人听到小孩子"哇"的哭声，悟道了；有的人听到钟声，悟道了。悟道的那一瞬间，就好像我们平常说的"来电了"、"灯亮了"，心灯亮起来了！

**崇年先生：**

说到这里，我想起您昨晚吃饭时讲的一个故事。

一天一个人买布，他问卖布的：多少钱一尺？卖布的回答八元一尺。买布的说买三尺，卖布的要他付二十四元钱。买布的说：三八二十三，怎么会是二十四呢？于是，两人争执起来。

孔子的弟子颜回走到这里，见两人争执得很激烈，便问原因。两人述说后，问颜回是多少。颜回说，他的老师孔子说是三八二十四。两人还是争论不休。买布的说要打赌：如果自己输了，就砍下脑袋给颜回。颜回想，我的脑袋可不能输啊！就说如果自己输了，把头上戴的帽子给买布的。

他们来到孔子面前请求评理。孔子听后说：三八二十三，颜回你输了。颜回不服，说老师您教我们的是三八二十四啊！孔子坚持说：三八二十三。颜回不情愿地把帽子输给了买布的人。买布的人高兴地戴着赢得的帽子走了，孔子对颜回说：事情有是非轻重，你想，帽子和脑袋哪个重要？颜回才悟出老师的智慧。

**星云大师：**

人们做事，往往不能分辨是非与轻重。

# 难行能行，难忍能忍

**崇年先生：**

请大师说说佛家的"勇"和儒家的"勇"有什么异同。

**星云大师：**

勇有匹夫之勇，有血气方刚的勇。学习要勇，智能要勇，为了达到目的要勇，有时候，勇是没有理由的，是人类的正气，就好比文天祥的"浩然正气"。

**崇年先生：**

这是大勇。

**星云大师：**

在佛家里面，"勇"就是菩提心，般若心就是智慧心，慈悲心就是仁爱心，慈悲心、般若心、菩提心，这三种心，就是儒家说的仁、智、勇。

**崇年先生：**

《中庸》说："知、仁、勇三者，天下之达德也。"佛家的慈悲心、般若心、菩提心，儒家的仁、智、勇，有对应之处。

**星云大师：**

菩提心者，就是"难行能行，难忍能忍"。

崇年先生：

"难行能行，难忍能忍。"您这句话很精炼，我把它录入我的电脑里，又加上"难言能言"：别人不敢说的，我敢说，我坚持真理；"难思能思"：可以苦思苦想，悟出真理。总合起来就是：难思能思，难言能言，难行能行，难忍能忍。能做到这四点，是很不容易的。还是回到您刚才说的，慈悲是爱，般若是智，菩提是勇。

## 善有善报，恶有恶报

崇年先生：

我这几十年经过许多事情，体验到：只有心地善良、做点正经事最重要，否则都被历史的江河冲走了。有一次我给领导干部讲清史，讲完了我留一点时间给他们，有一个人提问："要是碰到小人怎么办？"我当时脑子只想清史，没想过这个事情，但又不能不回答。我略微想了一下，回答："面对小人的办法只有两个字，就是'感谢'！"他们一下子没反应过来，全愣了，大概过了三十秒，想明白了，全场鼓掌。总之，人生的"坎"，有自然的，有社会的，在佛门看来，都是魔鬼。那么怎样看待魔鬼呢？

星云大师：

这个世间是"一半一半"的：佛的世界一半，魔的世界一半。魔是专门破坏好事、善事，干扰善心、善念的修道障碍。佛教讲，我们的身体上有老病死的魔，心理上有贪瞋痴的魔，世间上有声色货利的魔。当初佛陀修行，有所谓"八相成道"，也就是必须经过降魔以后才能成道；吾人生存在世间，也要能降伏身心上的魔，以及世间的魔，才能成就人生的事业。世间的魔很多，欲望、诱惑、骄慢、懈怠、烦恼都是魔；甚至一般人喜欢嫉妒别人，嫉妒也是魔。嫉妒的结果，打倒的不是别人，而是打倒了自己；随着时间的流逝，嫉妒者必然要失败。

**崇年先生：**

在佛门看，世间是佛与魔的对立；在民众看，世界是善与恶的对立。学历史的人，看到宫廷角逐是忠与奸的对立；学哲学的人，看到人间万象是真理与谬误的对立。

**星云大师：**

这个世间固然有善有恶、有好有坏、有正有邪、有佛有魔，但是尽管别人都是污泥，我们自己也要作莲花。污泥无碍于莲花的色香，只要我们内心有力量，最终污泥会成为它的肥料。

**崇年先生：**

唐僧取经，历七十二劫难，战胜妖魔，到达西天，取得真经，修成正果。

**星云大师：**

玄奘大师是佛教的楷模。

**崇年先生：**

释迦牟尼曾被嫉妒者以木刺脚，最后还是成佛。有人问："平日好端端的，有小人干扰，怎么对待？"

**星云大师：**

　　佛门的《大正藏·四十二章经》说："恶人害贤者，犹仰天而唾，唾不污天，还污己身；逆风坌人，尘不污彼，还坌于身。贤不可毁，祸必灭己。"意思是说，一个居心叵测的恶人，想要陷害正直的贤良之人，但最后害人不成，反而害了自己。就如你送礼给人，人家没有接受，你要自己收回去；你骂别人、毁谤别人，别人没有接受，就等于是在骂自己、毁谤自己。所谓"善有善报，恶有恶报"，作恶到头，遭到恶报，是"自作自受"。这是不容置疑的因果定律。

**崇年先生：**

　　这些佛学的偈语都很好，生动，简明，深刻，智慧，说明一个真理。

**星云大师：**

　　刚说到小人，我讲个故事。一天，父亲带着儿子上山。儿子年龄小，边走边玩，不小心被一块石头绊倒。孩子摔了一跤，很生气，蹲下捡起那块石头，往远处扔去。这孩子扔掉石头还不解气，又大声喊道："我恨你！"他喊完之后听到远山的回音："我恨你，我恨你！"这个孩子听到从几个方向传来"我恨你"的声音，心里很害怕。这时，他父亲说："孩子，你再喊'我爱你'看看！"孩子照父亲说的大喊："我爱你！"结果，又听到远处的回音："我爱你！"这个孩子很高兴。他父亲说："孩子，你记住：给人以恶，回报以恶；给人以善，回报以善。"

**崇年先生：**

　　这个故事告诉人们：多做善事，少做恶事。也就是您常说的：善有善报，恶有恶报；不是不报，时候未到。

**星云大师：**

是的。佛家的修行，要行善。最后都是从善到般若，戒、定、慧，各种修行都一定要开智慧。

# 佛门"三毒"贪瞋痴

**崇年先生：**

佛门最忌"三毒"：贪、瞋、痴。请大师做解释。

**星云大师：**

"贪、瞋、痴"在佛门里叫做"三毒"，它是毒害众生出世善心的各种烦恼中，最为强大的烦恼。"贪"，就是要，就是对自己喜爱的人、事、物，想要执为己有。所谓"贪得无厌"，人的许多问题都源于贪。"瞋"，贪不到就瞋，埋怨、生气、不满、嫉妒、怨恨。"痴"，就是愚昧、愚痴、无明，凡事只凭自己的好恶，顺遂则喜，违逆则怒，完全不明事理。

**崇年先生：**

说到"贪"，我想起上次吃饭，您问我要不要再加一碗面，我说一碗面就够了。我还想吃，但为什么不吃了呢？因为我在克制自己，不能再贪吃了，到此为止吧。我是北方人，在家里喜欢吃饺子，我一次煮十五个水饺，把十五个都搁在盘子里，吃完了为止。我要不数十五个饺子，就还想要再加一个、再加一个，一直加下去，就吃多了，撑着了，所以我是在戒这个"贪"。

**星云大师：**

戒贪很不容易。释迦牟尼佛说："利欲炽然即是火坑，贪爱沉溺便为苦海。"说的是：名利的欲望太强烈，如同跳入火坑；贪婪之心太强烈，如同沉入苦海。过多过高的欲望会使自己备受煎熬，当自己的目标达不到时，就会陷入痛苦。因此，戒贪是很有必要的。

**崇年先生：**

对。贪心大概是人性中与生俱来的弱点，所以，自古以来的先贤和哲人就不断教诲世人淡泊名利、戒欲戒贪。人有时候总会情不自禁地闪现贪念，贪嘴、贪财、贪色，所以我们要戒"贪"。

"痴"字也很有意思，"痴"字是"疒"加"知"；知患病，就是愚。我对"痴"有五解：一是，知识太少，当然愚昧，是一种病；二是，知识太多，不加消化，也是一种病；三是，知识有一点，不太少、也不太多，不与时俱进，也是一种病；四是，知识不多，却自作聪明，也是一种病；五是，知识固化，没有学通，误人误己，还是一种病。我看慈禧的弊弱就是佛家说的一种"痴"。

**星云大师：**

愚痴就是不明理，不明理的人，颠倒、邪见、恶行，不但影响自己、影响一时，而且影响他人、影响后世。在古今历史上，有的江洋大盗因为一时泯灭良知，打家劫舍，故而身陷囹圄；有的卖国汉奸因为一时不明利害，贪图所得，于是骂名千古，这就是愚痴。

愚痴比一般的犯错更加严重，犯错如同走路摔倒了可以再站起来，愚痴如暗夜行走，不见光明。愚痴需要智慧的光来照破，所谓"千年暗室，一灯即明；累劫愚痴，一智顿悟"。佛学重视般若智慧的开发，有了智慧，遇到问题总能针对症结所在，提出正确的解决之道，如佛经说："恶人闻善，故来扰乱者，汝自禁息，当无瞋责，彼来恶者，而自恶之。"意思是说：恶人看到别人行善，就会故意扰乱他，这时候你应当忍耐下来，不起瞋心，不去谴责他，最后作恶的人往往会自食其果。

# 因果五层次

**星云大师：**

有一些人以为：我做了功德，我应该要得到多少利益。佛门不是，佛门讲究牺牲，牺牲享受，享受牺牲。

**崇年先生：**

就是把牺牲也看成享受，享受也看成牺牲？

**星云大师：**

是的。牺牲看起来像是吃亏，像是在为别人而做，其实，牺牲是为自己，因为一切的付出，都不会白费。当你付出金钱、劳力、智慧的同时，别人因此获得健康、快乐、平安，那么你内心得到的欢喜，不就是享受吗？我们研究发觉，在所有的宗教里，佛教是比较圆融、圆满、不偏执的。

**崇年先生：**

就是您说的中道。

**星云大师：**

中道，对的。

**崇年先生：**

所以“三武一宗”灭佛，没有灭了佛，最后还是能够延续下来。

**星云大师：**

就像道家，目前是有“道”，没有“教”，就连道术也没有了。道观有，道士也还有，但已经逐渐变成一种职业。佛门之所以能守得好，是因为某些人，他有“我信佛教，我要弘扬佛法，我要受持戒律，我要以佛法普度众生”的信念，因此佛教能不衰，能维持。就是经过了“文化大革命”，甚至台湾过去也曾发生毁灭佛教的事情，乃至历史上经过“三武一宗”的教难，佛教还是能够存在。这就在说明，武力只是一段时期的强盛，但是理、法才是最后的胜利者。

我们讲因果，因果的道理有五个层次：第一是“非”，不对；第二是“理”，道理；第三是“法”，法治；第四是“权”，权力；最后是“天”。非，错了，不能胜过理；理，无论讲了多少道理，理若不合法，还是不能胜过法；法，不能胜过权，法律虽然大公无私，但是有些人仍然可以大弄权术，钻法律漏洞；权，不能胜过天。天是什么？天就是因果。因果，是一个法则，我们说“善有善报，恶有恶报，不是不报，时候未到”，因果报应的先后缓急，有时就像春天播种，要经过几年后才能收成。因果是通于三世——过去、现在、未来的，不能只看一时。基本上它也像时辰钟，从一走到十二，再从十二走到一，不断地循环着。

我们的生命“生老病死”，也是一个环形；世界的“成住坏空”，也是一个环形；甚至气候的“春夏秋冬”，也是一个环形；我们心里的念头“生住异灭”，也是一个环形。在佛家说，世间是环形的，我们要超越、跳出这个环形。虽说要超越，但并不是说离开这个世界，再去寻找另外的世界，而是在现在、在当下，就能超越。佛教讲“涅槃”，一般世人认为那是死了以后的事，其实活着的时候就可以得到涅槃，为什么？只要他活得自在，自在就能解脱。

## 涅槃与至善

崇年先生：

您说的"涅槃"，跟儒家的"至善"，它们的异同何在？

星云大师：

"涅槃"有好多程度、目标的不同，甚至到了最后，连这一个目标也要去除，不可以有这个标示。"涅槃"，不是死亡，是自我证悟的最高境界。简单地说，是经过修行而灭除贪欲、瞋恨、愚痴、无明、邪见、是非、烦恼之后，获得的一种不生不死、物我两忘、超越时空、泯灭人我对待，圆满光明、自由自在的世界，并且流于大化之中，无始无终。再简明一点说，当我们不再受制于贪瞋痴烦恼束缚的时候，当下就是涅槃解脱的境界。

崇年先生：

这一点跟道家的说法有相似的地方。《老子》说："天下万物生于有，有生于无。"万千事物，无始无终，是吗？大化于自然，又是一个相似之处。

星云大师：

道家属于出世法，它和佛教的思想有一部分很相应，但是如我刚才所说，佛教还进一步把出世和入世作调和。因为完全出世，太空洞；完全入世，也是庸俗，没有超脱。"涅槃"就是五乘佛法中的菩萨道，就是和谐圆满的境界。

**崇年先生：**

　　就是在入世与出世之间，找一个中道。儒家的"至善"，《大学》有解释："大学之道，在明明德，在亲民，在止于至善。知止而后有定，定而后能静，静而后能安，安而后能虑，虑而后能得。物有本末，事有终始，知所先后，则近道矣。"要近于"至善"，应当格物、致知、诚意、正心、修身、齐家、治国、平天下。总之，达到或近于人格的完善，进入和谐圆满的境界。

**星云大师：**

　　是的。等于一个人，太过执著世间的名利、欲望，就容易被热烘烘的贪爱烧昏了头；过于看破世间，也会显得冷冰冰，了无生气。所以要把冷与热调和，让它不冷不热。佛法讲中道，它不是独自一个，而是在有无之间作调和。

# 佛教人间化

**崇年先生：**

　　我到了高雄的南屏别院，觉得真好，真不错。

**星云大师：**

　　这是现代的寺院建筑。现代的、城市里的寺庙。

**崇年先生：**

我还参观了高雄佛教堂，是西式的建筑。

**星云大师：**

城市里没有广大的土地，只有往上发展。

**崇年先生：**

这就是"与时俱进"。我来的时候，在飞机上，我问满耕法师："大师的贡献，你给我讲几条。"她说头一条，就是"佛教人间化"，寺院道场从丛林到城市，从小城市到大城市，这是应现代的需要，因为现代的人口集中在大城市，文化的中心也都在大城市，要想把佛教人间化，让弘法更广泛，首先就要重视在城市的发展，像高雄南屏别院和台北道场就是位于城市里。大师的理念是与时代同步的。

**星云大师：**

城市人的生活步调紧凑，在工作之余，他也希望到寺院里拜一下。这两年有很多韩国的法师和信众来佛光山，他们都觉得佛教应该要像这样子，他们都能接受这种弘法方式。

过去，如果你想到某间寺庙，只要走到路的尽头，寺庙就到了。但是基督教的教堂、银行不一样，它们都建在十字路口等重要地段。当时我就想：为什么佛教的寺院都建在偏僻的乡间或陋巷里呢？所以促成我后来把寺庙建在大路边的因缘。我现在建寺庙，位置大部分都是靠近高速公路，来去方便。太远的话，交通不便。

**崇年先生：**

丛林里头交通不方便，城市里能更好地弘扬佛学。要是在深山丛林里，就很难做到"人间佛教"。大师的佛学国际化，影响韩国、日本、印度等其他亚洲国家。这种影响，不光靠民间，更靠大师的个人魅力。

**星云大师：**

那是大家的凝聚力。

**崇年先生：**

您说的大家，我想到在十二月一日晚上要讲课，开始时是讲一讲，后来说要四讲，那我就讲四讲。清朝的"兴"一讲，"盛"一讲，"衰"一讲，"亡"一讲。兴的原因，我这两天作了新思考。第一是有一个领袖，为什么李自成失败？因为这个领袖不行。太平天国后来失败，就是洪秀全不行。清朝之"兴"、之"盛"，无论是努尔哈赤、皇太极，甚至包括康熙也好，都是一个领袖。一个民族也好，一个宗教也好，要能带动起来需要一个领袖。有了释迦牟尼才有佛教，否则未必有佛教。所以我想一个军队、一个宗教、一个民族、一个国家，要想兴旺，头一个条件，就是要有一个首领。佛光山很有幸，有大师在带领着大家一块儿努力。这是第一条。第二条，光靠一个人还不行，还要有一个团队。努尔哈赤当时有五大臣和八大贝勒，文臣与武将，大家团结一心，就把事业做起来了。第三条，要有一个基地。努尔哈赤先以赫图阿拉（兴京），继以辽阳（东京）、沈阳（盛京）做基地，他的子孙再以北京做基地。李自成没有基地，被称作流寇主义，也是其失败的一个重要原因。

## 和尚和尚，和者为尚

**崇年先生：**

这几天，我一直在思考一件事。我看了您讲的佛教史，里头列出二十世纪一百年来对佛教有贡献的僧众，其中包括太虚、弘一等几位法师。您所说的巨赞法师，我也认识。但我想这一百年全算起来，对佛教贡献最大的就是星云大师。

**星云大师：**

不敢当，不敢当。

**崇年先生：**

我又一想，清朝二百六十八年间，有一些活佛，譬如达赖喇嘛、班禅额尔德尼，他们是政教合一，不光是教，还兼有政。喀尔喀蒙古（外蒙古）哲布尊丹巴呼图克图，他也是政教连在一起。内蒙古就是章嘉呼图克图，也是跟皇帝、国师连结起来。活佛是由皇帝敕封的。我算过，清朝从皇太极改国号为清算起，清朝二百七十六年间，像星云大师这么积极贡献民间佛学的，没有一人。我又想明朝，明朝的道衍和尚，就是永乐皇帝发动政变时，帮助出主意及策划的那位。后来在北京双塔寺做住持。他知进知退，在永乐皇帝夺取帝位后，道衍法师就主动退了，因为他看到朱元璋前后的事情。

**星云大师：**

道衍禅师是黑衣宰相。

**崇年先生：**

他也不是在人间弘扬佛法。所以明朝二百七十六年、清朝二百六十八年合在一起，是五百多年，这五百多年的佛教史上，没有像星云大师这样推行人间佛教的。

**星云大师：**

这是佛教很衰微的时期。

**崇年先生：**

是。元朝也有宗喀巴。前几天我在想，孟子说："五百年必有王者兴。"这五百年它是个概数，也可能是四百年，也可能是三百年。明清五百年，加上民国到现在，大数算六百年，像大师把佛教人间化、教派统一化、教理科学化、信众国际化的，过去从来没有过。过去的僧人就是在一个丛林里头，在一个山林里头布道，收信徒几十人、几百人就很了不起了。现在佛光山佛法的弘扬，已经遍及全世界五大洲：欧洲、亚洲、非洲、美洲、澳洲，两百多个道场，两百多万信众。

**星云大师：**

唐德刚先生曾引用中国古语"五百年必有王者兴"说：在宗教界，第一个五百年，是两千五百年前的释迦牟尼佛，隔了五百年，就是两千年前的耶稣，接着就是一千五百多年前的穆罕默德；到了一千年前，有什么人物？天主教的马丁·路德。再往前就是唐朝的玄奘大师。玄奘大师口述的《大唐西域记》及后人所编的《大慈恩寺三藏法师传》，助长了《西游记》唐三藏的声名，虽说是民间小说，却让唐三藏在民间得以老少咸宜，人人都认识唐三藏。一千年，在宋末元初的时代，又有什么人物？

**崇年先生：**

元朝宗喀巴广泛而深远地影响了整个藏、蒙地区。从元朝中期以后，到现在是七百多年。

**星云大师：**

文成公主去西藏以后有否影响？

**崇年先生：**

有影响，大师在书里说了，影响到松赞干布。他原来是重视当地苯教，即原始宗教，另外，他娶了一个妃子，是从尼泊尔去的。唐朝的文成公主和尼泊尔的妃子，两人都弘扬佛法。

**星云大师：**

文成公主很了不起，是历史上的伟大人物。其实那时候松赞干布还有一个皇后是尼泊尔人。文成公主和尼泊尔妃子，两个人好像蛮合作的。

**崇年先生：**

蛮合作，大概是在弘扬佛法上有共同点。

**星云大师：**

所以看起来合则行。

**崇年先生：**

您的话非常精彩。您说："和尚、和尚，和者为尚！"这句话太精彩了。

**星云大师：**

我们现在很希望研究历史的人关心佛教，为佛教检讨何去何从，以历史为鉴。我说过，历史是明镜，让我们看到镜子里面的兴亡盛衰，所以，佛教有必要自我检讨何去何从。今天的一切，都不是上天赐给我们的，都是一切因缘让我们成就的。因缘，因是一个主要的力量，它就好比是一颗种子。缘就是助缘，日光、空气、水是种子的助缘。即使这个"缘"有了，结果也不一定好，因为如果种子本身就不好，生长的东西也会不健全，收成也就不好了。所以，种子是主力，缘是助力，主力、助力都重要，缺一不可。因此，佛法不讲神权，讲缘分。

**崇年先生：**

您刚才说的"因"与"缘"即"主力"与"助力"的关系，我想起了哲学上的一对范畴，就是"内因"与"外因"的关系。内因和外因的关系，哲学认为：外因是变化的条件，内因是变化的根据，外因通过内因而起作用。所以，佛学上"主力"与"助力"的关系，同哲学上"内因"与"外因"的关系，有相通的一面。

## 佛教之五乘

**崇年先生：**

早期的佛教是不是强调佛性？后期的佛教比较强调人本？更早期的佛教是不是强调神本？有这些差别吗？

**星云大师：**

佛教从释迦牟尼佛开始，倡导的是"打破神权"，他认为神是讲权力的，能赏善罚恶，能主宰一切，印度的其他宗教也是如此，甚至天主教、基督教也讲神权。佛教是不讲神权的，它讲究觉悟、开悟，悟就是智慧的明白，因此在中国的禅宗，不讲究成佛，就是不讲究神权，而讲究悟道。

**崇年先生：**

这个跟儒家有相似的地方，人有贤和不肖，但都是人，都可以教育，有教无类。

**星云大师：**

虽然有相似之处，但也有层次的不同。拿宗教来说，佛教修行有五个阶段，即"五乘"：第一个阶段是"人乘"，第二个阶段是"天乘"，后三个阶段就是超越人天的"圣贤乘"，在佛教的术语里叫"声闻乘"、"缘觉乘"、"菩萨乘"。基本上，"人"、"天"的宗教，是入世的；超越的、出世的，就是"声闻"、"缘觉"。"人"的宗教就是儒家，"天"的宗教就是基督教、天主教，有升天，有最后审判之说。老庄的思想是出世的思想，为出世的宗教，也就是"声闻"、"缘觉"。除此，佛教还有一个菩萨乘，所谓菩萨乘，不但要有入世的事业，还要有出世的思想和精神。如果只有人、天乘的物质欲望，人生不能提升，不能超越；假如太过抽象，离开世间而修行，那又太过孤独。所以基本上佛教把出世、入世调和，要发菩提心，行菩萨道，也就是救人救世，不为自己，不同于人、天乘还有一个回报、回馈的思想。

**崇年先生：**

您这段讲佛家法理的话，属于佛门的理论。我对您讲佛家的"和合"观很有兴趣。我个人的"和合"理念，概括为"四合"，就是天合、地和、人合、己合。这个前次谈话已经涉及，至于"和合观"，找个时间，我再请教。

# 第六篇  艺文

世间上，凡一切具有审美价值的事物，统称为艺术。

——星云大师

艺术因子，无所不在。看人们是否用艺术的视角去发现，去运用，去创造，去欣赏。

——崇年先生

# 看小说悟人生

**星云大师：**

最初我在栖霞佛学院读书，全班约有学生五十人，他们的年龄都比我大许多，大部分在二十岁以上，只有我还在幼童之龄。我只有自惭形秽地混杂在那些大人学生之中，因为他们都曾听讲过《成唯识论》、《因明学》、《般若经》等，而我对这些经论，都有如鸭子听雷，完全不知道讲的是什么意义。

所幸我出家前在私塾里认识几个字，这时总算能派上用场，我经常到栖霞佛学院的图书馆，借几本文学书籍来阅读。我记得自己所看的第一本小说，就是《精忠岳传》。

**崇年先生：**

记得我小时候家里不让看小说，学校也不让看小说。不让小孩看小说，是中国一个传统的约束。究竟为什么不让小孩看小说呢？康熙帝说的一段话，回答了这个问题。他说："古圣人所道之言即经，所行之事即史，开卷即有益于身。尔等平日诵读及教子弟，惟以经史为要。夫吟诗作赋，虽文人之事，然熟读经史，自然次第能之。幼学断不可令看小说。小说之事，皆敷演而成，无实在之处，令人观之，或信为真，而不肖之徒，竟有效法行之者，彼焉知作小说者譬喻、指点之本心哉！是皆训子要道，尔等其切记之。"小孩可以读经书，可以读史书，就是不可以看小说。《红楼梦》里贾宝玉偷看《西厢记》，被看做是触犯天条，大逆不道！

但是，同学们还是偷着看小说。我最先看的一本小说是《三侠五义》，被小说中人物的侠义精神所感动。

**星云大师：**

岳飞的精忠报国，以及他的兄弟们英勇果敢的表现，都让我产生非常强烈的尊敬与向往。

**崇年先生：**

岳飞的故事和精神始终在感动我，一直到现在。但是，袁崇焕的故事和精神更让我感动。崇焕被害，身后无子。岳飞有儿子云、雷、霖、震、霆，有孙子岳珂。岳珂写了《吁天辩诬集》，又辑《金陀粹编》，给岳飞鸣冤。岳飞身后留下了《岳武穆遗文》。于谦死后，他的儿子于冕把先父遗稿收集起来，出版《节庵存稿》。袁崇焕没有这样幸运，所以在他死后至今，没有出版一部较完整的诗文集。真是想起来就令人难过。

**星云大师：**

后来我又接触《七侠五义》、《小五义》、《封神榜》、《儒林外史》、《水浒传》、《三国演义》等，经常看得很入迷，甚至真是看到废寝忘食的地步。

后来我又阅读过不少西洋文学，先后看过英国《莎士比亚全集》、印度泰戈尔的诗集、俄国托尔斯泰的小说《战争与和平》以及法国小仲马的《茶花女》、大仲马的《基度山恩仇记》，美国海明威的《老人与海》，还有德国歌德的《少年维特的烦恼》、《浮士德》等。

**崇年先生：**

我读小说主要是在中学，《茶花女》、《基度山恩仇记》、《少年维特的烦恼》、《红与黑》这些西方文学作品是不许读的，要读只有苏联的革命小说。

**星云大师：**

在那个时候，我爱看小说，最后慢慢被老师发现了，成为"黑名单"上的学生。老师认为，一个不认真阅读经论，只是沉迷于小说的学生，是一个没有出息的人。但是不管别人怎么嘲笑、歧视，我对东西方的小说、文学作品、历史传记，还是读得津津有味，乐此不疲。因为经论看不懂，只有阅读这些世间著作，能够增添我的知识见闻。

**崇年先生：**

这个"黑名单"我是深有体会的。当时我们要是读那些书，会被认为是思想落后，严重一些就是思想右倾，更有甚者，遇上运动可能被打成"右派学生"或"反动学生"。

**星云大师：**

因为阅读，我也逐渐展现了自己的学习成绩，例如《水浒传》里的一百单八将叫什么名字，什么绰号，用什么武器，穿什么衣服，我都能如数家珍一一道来。甚至我能列出三四十个人，觉得他们不够资格当选一百单八将中的好汉。

**崇年先生：**

您真是记忆力强，学习能力强，博闻强记。在四大古典文学名著中，《水浒传》、《西游记》、《三国演义》我都喜欢，但我最喜欢、最推崇的是《红楼梦》。

**星云大师：**

我对《三国演义》崇拜不已，尤其当中对于人物武功的铺陈，很有层次，例如"吕布战三英"，可以看出吕布的武功胜过关云长、张翼德，而关云长"过五关，斩六将"，可见关云长的武功又是远远胜过一般的英雄武将。

**崇年先生：**

我上中学就喜欢历史，我读《三国演义》是把文学与历史结合来读，还看裴松之的注。我始终觉得，我的历史细胞比文学细胞多一些。

**星云大师：**

对于《三国演义》中，把关云长、张翼德、赵子龙、黄忠、马超列为"五虎将"，我认为最为公正。当中尤以赵子龙那种不计较、不比较，不闹情绪，只是一心一意辅佐刘备，最让我钦佩。

**崇年先生：**

《三国演义》中的人物，我最不喜欢刘备，心口不一，装腔作势；我最喜欢诸葛亮，聪慧飘逸，神机妙算。

# 与文字结缘

**崇年先生：**

我读了大师的文章，很佩服大师的文笔，字字明白晓畅，句句意境绵长，像条白绢，朴素淡雅，妙笔生花，耐人回味。

**星云大师：**

你过奖了。不过说起写文章，我还真是有话可讲。过去我的徒弟们一直很怀疑，因为我常跟他们说我没有进过学校，他们就会问：师父，你怎么会写文章的呢？其中也有一段心路历程。还是在栖霞佛学院就读时，有一次国文课中，老师出了一道作文题，题目叫做《以菩提无性直显般若论》。在我那种年龄，对于什么叫做"菩提"，什么叫做"般若"，我都搞不清楚，又如何论议、如何能畅所欲言呢？但我仍然很用心地写了好几页作业纸，结果老师给我的批语是："两只黄鹂鸣翠柳，一行白鹭上青天。"我当时一看，还洋洋得意，以为老师写了句诗赞美我。我高兴地拿去给学长看，这时候才知道老师是在嘲笑我。所谓"两只黄鹂鸣翠柳"，它在叫什么你知道吗？"一行白鹭上青天"，你又知道什么呢？所以老师的意思是说我的文章"不知所云"。

**崇年先生：**

我的作文一直受表扬，经常作为范文，在班上朗读。我觉得，对学生应当重鼓励，戒训斥。

**星云大师：**

还有一次，作文题目是《故乡》。这种浅显易懂的题目，又是跟自己切身有关，加上我读过一些文学小说，懂得怎么样形容故乡，所以就写道："我的故乡有弯弯曲曲的小河，河流上有小桥，两岸翠绿的杨柳低垂，每当黄昏落日余晖下，农舍的屋顶炊烟袅袅升起……"老师给我的批语是："如人数他宝，自无半毫分。"

**崇年先生：**

老师的意思是认为您的文章是抄袭来的，没有半点自己的东西。但是，这个评语，今天看来，半是、半非——前半句，说明写得生动，可取；后半句，说明写得局外，可改。

**星云大师：**

写得好，是抄袭而来；写得不好，是不知所云。幸好我的性格善于转化，没有轻易被摧残、打倒，不过这种过程似乎是每一个行业成功所必须历练的。后来我一直主张，对青年学子要用爱的教育，要鼓励上进，不要随意打击他们学习的积极性。

**崇年先生：**

那您是如何练习写作的呢？

**星云大师：**

其实没有什么秘诀，要说有的话，就是一个"勤"字。文章是魔术，重在熟能生巧；文字是兵将，平时就要培养，届时才能运用。每星期要读千字策论，以训练理路，启发思想。笔是越写越锐，写好文章的不二法门，就在一个"勤"字。

**崇年先生：**

我很赞同"勤"字。我在写作过程中，印象最深刻的就是一个"磨"字。刀为什么会快，因为要磨；文章怎样能写好，也是要磨。记得我写了稿子，寄到报社、杂志社，得到的是退稿；把稿子修改后，换一家投，又被退稿；不死心，再修改后，再换一家投，再被退稿……退的稿子，不客气地说，足有一尺多高。就是这样磨呀磨，总算是磨出来了。

**星云大师：**

每天训练自己写五百字以上的日记，写一点意见、一件事、一个人、一句话、一个问题、与生活有关的一位老师、一堂课……写出自己对这些事物的看法、见解和感受，而不是像记流水账一般，写起床、吃饭、上课。如果能够如此持续不断地写一两年，文思必然会有所增进。

**崇年先生：**

我开始也写日记，后来不写了。为什么呢？在学习交心时，我把日记交了，遭到的回复是：摘出日记中的只言片语，对你进行思想批判。这本日记，一九五九年交出去的，到一九七九年才退回。幸好我没有再写日记，否则会大难临头。我的一位同事，每天写日记，"文革"中抄家给抄出来，"造反派"从日记中摘出某些话，上纲上线，严厉批判，他被打成"现行反革命"（后来平反）。所以，我很庆幸自己后来没有写日记。

**星云大师：**

原来你有这么一段经历才不写日记，我则得益于写日记。学佛要"无我"，写文章要"有我"。如果笔下的文字没有"我的感情"、"我的思想"、"我的看法"，就不算是一篇好文章了。

**崇年先生：**

我的文章分两类：一类是学术文章，要先说服自己，因为只有说服自己才可能说服别人；另一类是通俗文章，要先感动自己，因为只有感动自己才可能感动别人。

**星云大师：**

是的。但是，文章的内容不仅要与切身有关，还要有社会性、世界性、启发性，才不会失去下笔的意义，否则空论乏谈，言不及义，是引不起共鸣的。

**崇年先生：**

我写学术文章，还是先贤的话——义理、考据、文章。义理就是观点，要新；考据就是史料，要实；文章就是文采，要美。总之，一篇好的文章要真、善、美。

还有，请问您还记得自己最早发表的文章是什么内容吗？

**星云大师：**

我发表的第一篇文章是《钞票的话》。

**崇年先生：**

《钞票的话》？

**星云大师：**

是的。那也是在栖霞山，学校规定不让看报纸，但学生们都想尽办法偷看，每当我看到同学的文章被刊登出来时，心里就自许着，也要写文章发表。我的第一篇文章叫做《钞票的话》，描写钞票被不同身份的人，如富人、穷人、有地位的人和小人物使用时的感受。

**崇年先生：**

您当时也就十几岁？

**星云大师：**

当时我年纪小，还不是很懂钞票，只是从平常人们的言谈中，写下自己的感受罢了。没想到这篇文章居然被报纸刊登出来，成为我的处女作。

十八岁那年，我升学上了焦山佛学院，这里有来自北京大学国文系的薛剑园教授，为我们上文学课程，还有思想开放的圣璞法师，指导我们的国学。还有很多优秀的师长，只是有些名字已经不复记忆了。他们为我们教授数学、外文、生物学等，我一时只觉得心开意解，世间学问纷纷向我涌来，我忽然思想大开，进步神速，所以就不断向当时江苏省会镇江的各大报副刊投稿。其中有小诗、散文等，不光都被录取，后来他们竟然还邀请我去当副刊编辑。这对我这个没有正式进过学堂的青年来说，真是莫大的鼓励，这是我人生中最快乐，也是最短暂的一段学习过程。

**崇年先生：**

从此您就和文字结了缘。我记得自己发表的第一篇文章，是在上初中的时候。一天下午，看了一场话剧《绞刑架下的报告》，很受感动，夜不成寐，披衣起床，在路灯下起稿，第二天定稿誊清，寄到《北京日报》，两天后就发表了。

**星云大师：**

我们都是在十几岁的少年时代发表处女作。

**崇年先生：**

后来再看我那篇小文，觉得太稚嫩，很不好意思。

**星云大师：**

后来我到了台湾，也写文章，《星云日记》四十四册陆续出版了。四十多年前，佛光山开山，就是因为《玉琳国师》、《释迦牟尼佛传》、《观世音菩萨普门品》等书的出版，所得稿酬让我能够买下土地、建筑殿堂。至今我仍感谢广大群众购阅我的作品。

**崇年先生：**

可以说，您与文字结缘，成就了佛光山的大业。我在佛光山期间，看到佛光人的生活、做事、处世、人品，很感动。他们衣食简素，待人诚善，做事敬业，心境旷怡。我见他们每天上午、下午、晚上三个单元工作，每周六天做事、一天放香<sup>①</sup>。人心淡净，秩序井然。过去出家人给我的印象是面色蜡黄，神情呆滞，佛光山的出家人却是脸色红润，笑声满怀。这说明他们内心是欢喜的。佛光山是一所大学校，学习气氛浓郁，这与大师率己从先，极力提倡有关。

# 书法之情趣

崇年先生：

　　北京城过去的建筑，有灰墙、有白墙，江南苏州、扬州一带白墙更多，显得洁白美观。说到建筑，我想起佛光山寺院主体建筑大雄宝殿，建筑宏伟，庄严肃穆，张大千先生书写的大殿殿额"大雄宝殿"四个字，写得好。

星云大师：

　　好在哪里？

崇年先生：

　　好在"大"字，大气磅礴；"雄"字，雄风充盈；"宝"字，通灵圆整；"殿"字，遒劲端庄。

星云大师：

　　还有，大雄宝殿的殿联也写得很好。这副殿联是：

---

　　① 即放假。

　　　　兜率娑婆　去来不动金刚座
　　　　琉璃安养　左右同尊大法王

　　上联"兜率娑婆，去来不动金刚座"，是指释迦牟尼佛；下联"琉璃安养，左右同尊大法王"，是指药师佛、阿弥陀佛、琉璃净土、极乐净土，真好。

**崇年先生：**

　　这是哪位贤者作的？

**星云大师：**

　　是湖南三湘才子张剑芬先生作的。我还有一副他送我的对联，请教授看看。这副对联是：

　　　　永念亲恩　今日有缘今日度
　　　　本无地狱　此心能造此心消

　　佛门常常有超度佛事，我就把这副对联挂在佛光山的万寿园，也就是我们佛光山的公墓。我很欣赏他作的对联，像这两句话：

　　"永念亲恩"，指我们的祖父母、父母，我们永远怀念、感恩他们，所以"今日有缘今日度"；

　　"本无地狱"，地狱是由心造作的，既然是心造，心就能消它了，所以"此心能造此心消"。

　　他用短短的二十二个字，把佛法形容得淋漓尽致，没有拖泥带水。现在这样好的对联不容易找。我觉得他实在是一个奇才。

**崇年先生：**

这副对联符合禅学的"慈悲"、"空无"，法语精炼，意境高远！是什么时候写的？

**星云大师：**

快四十年了。

**崇年先生：**

佛经常常与书法相结合，既能以佛法净水来涤荡俗尘，又能以书法艺术来怡情养性，同时还产生了许多艺术珍品。听说鉴真图书馆有"《心经》书法展"，我参观过馆里的图书，还没有来得及去看这个展览。

**星云大师：**

佛教传入中国以后，由于佛经弘布流通的需要，于是与中国传统书法相结合。而书法家受到佛法的熏陶，常以佛教为题材来丰富书法的内容，使得中国的书法艺术更增意趣与内涵。

历代著名的文人士子，多以抄写佛经提升自我的修养，如王羲之、柳公权、颜真卿等人，都有与佛教有关的书帖作品行世。佛教的僧侣中，也不乏精通书法者，如南北朝的智永禅师，创作真草"千字文"、"永字八法"，不仅统一各家草书，也被后代书法家奉为典范。近代高僧弘一大师更有言："书写佛典，流传于世，令诸众生欢喜受持，自利利他，同趣佛道。"

**崇年先生：**

还有一位著名书法家怀素，也是僧人，您对他很熟悉。我很喜欢怀素的《自叙帖》。他的狂草，如闪电骤雨，似舞动旋风。他的成功，一在勤，相传用完的秃笔堆成笔塚；二在悟，仰观闪电而引入狂草。怀素不愧"草圣"之誉。

**星云大师：**

因此，鉴真图书馆邀请海峡两岸的书法家，以楷书、隶书、篆书等字体，书写在中国广泛流传、家喻户晓的《心经》，总计五十一幅，从三月起在鉴真图书馆展出。

**崇年先生：**

大师在鉴真图书馆举办《心经》书法展，既能促进海峡两岸的书法艺术交流，也让身处物质发达、精神贫乏时代的大众获得心灵上的慰藉，有助于社会和谐，真是功德无量的事情啊！

**星云大师：**

大陆还有写佛经的书法家。

**崇年先生：**

爱新觉罗·启骧先生，是启功先生的堂弟，著名书法家。他花七年时间，精心书写了《金刚般若波罗蜜经》，笔笔精到，字字遒劲。他委托我送一部给您。

**星云大师：**

谢谢！请替我谢谢启骧先生。

# 禅师与禅诗

**崇年先生：**

禅传到中国以后，逐渐和中国的文化相互融合，不仅受到大众的喜爱，也得到文人学士的喜爱。

**星云大师：**

历史上关于文人与禅的美谈不胜枚举。白居易、欧阳修、韩愈、李翱、苏东坡等，都留下与禅有关的公案。大文豪白居易与鸟窠禅师的故事是这样说的：

杭州西湖喜鹊寺鸟窠禅师，本名道林，谥号圆修。根据《五灯会元》的记载，道林禅师独自到秦望山，在一棵枝叶非常茂盛、盘屈如盖的松树上栖止修行，好像小鸟在树上结巢一样，所以当时的人就称他为鸟窠禅师。由于禅师道行深厚，时常有人来请教佛法。有一天，大文豪白居易也来到巢下拜访禅师，他看到禅师端坐在摇摇欲坠的鹊巢边上，于是说道："禅师住在树上，太危险了！"

禅师回答说："太守！你的处境才非常危险，我坐在树上倒一点也不危险！"

白居易听了不以为然地说："下官是当朝重要官员，有什么危险呢？"

禅师说："薪火相交，纵性不停，怎能说不危险呢？"

意思是说宦场浮沉，钩心斗角，危险就在眼前。白居易似乎有些领悟，转个话题又问道："如何才是佛法大意？"

禅师回答道："诸恶莫作，众善奉行，自净其意，是诸佛教！"

白居易听后，最初以为禅师会开示自己深奥的道理，现在感到很失望地说："这是三岁孩儿也知道的道理！"

禅师道："三岁孩儿虽道得，八十老翁却行不得。"

白居易听了禅师的话，完全改变他那自高自大的傲慢态度。

**崇年先生：**

禅不仅影响文人，而且影响文学。禅与文人，禅与文学，有许多故事。

**星云大师：**

有一次白居易又以偈语请教禅师道：

> 特入空门问苦空，敢将禅事问禅翁。
> 为当梦是浮生事，为复浮生是梦中。

禅师也以偈回答说：

> 来时无迹去无踪，去与来时事一同。
> 何须更问浮生事，只此浮生是梦中。

人生如幻如化，短暂如朝露，但是如果体悟到"无生"的道理，超越时间"去"、"来"的限制，生命就能在无尽的空间中不断地绵延扩展，不生亦不灭。白居易聆听禅师的开示之后，深感敬佩，于是皈依禅师，作礼而退。

**崇年先生：**

我们从白居易与鸟窠禅师的对话中，可以看到禅机的洒脱生动。禅并不重视知识和口舌的争胜，而重在知行合一，甚至认为行比知更重要。禅师就是以这样的立场来参究佛法，所以说八十老翁虽然人生阅历丰富，如果不躬身去实践，即使熟读三藏十二部，仍然不能了解佛法的真谛。

**星云大师：**

白居易从佛法找到安身立命的所在，成为佛教的信徒，遍访名山高僧，晚年更是尽遣姬妾，经年素食，并且舍自宅为香山寺，自号为香山居士，尤其醉心于念佛，时常行文表达他信佛有得的心境，譬如他的《香山寺》一诗："爱风岩上攀松盖，恋月潭边坐石棱。且共云泉结缘境，他日当做此山僧。"诗中充满悠闲、飘游的意境，这种白云水月共来往的生活，使我们不再为世俗繁华所羁累，自由自在地生活在禅的世界中。

**崇年先生：**

为什么历代文人崇信佛教的那么多呢？

**星云大师：**

本来文人学士对人生的体验较常人为切，对境遇的感悟较常人为深，而佛法的微妙教理，对宇宙人生的阐明，正可以满足他们追求真理的饥渴，安住他们的身心。文学本来就是发于中、形于外的性情之事，有了佛教教理作为内容，给予文学活的生命，而不流于无病呻吟、遣词造句的文字游戏，佛法给予文人对生命深刻的体认，所以历来为文人所喜爱。

**崇年先生：**

宋代大文豪苏东坡有一首禅诗：

一树春风有两般，南枝向暖北枝寒。

现前一段西来意，一片西飞一片东。

**星云大师：**

这是一首非常有趣的禅诗。有一天苏东坡和秦少游在一起吃饭，两个人因为才华都很高，往往为了谈学论道，互不相让。这天吃饭的时候，刚好看到一个人走过，由于许多天没有洗澡，身上爬满了虱子，苏东坡就说："那个人真脏，身上的污垢都生出虱子来了！"秦少游坚持异议说："才不是呢！虱子是从棉絮中长出来的！"两人各持己见，争执不下，便决定去请佛印禅师作个公道，评判谁输谁赢，并且互相商议输的人要请一桌酒席。

苏东坡求胜心切，私下便跑到佛印禅师那里，请他务必要帮自己的忙。过后，秦少游也去请禅师帮忙，佛印禅师都答应了他们。两个人都以为稳操胜券，放心地等待评判的日子来临。揭晓的日子终于到了，禅师于是正色下评断说："虱子的头部是从污垢中生出来的，而虱子的脚部却是从棉絮中长出来的，所以你们两个人都输了，应该请我吃宴席。"苏东坡因此有感而发，写了这首诗。

**崇年先生：**

这是一个有趣的故事。您对这首诗的寓意怎样看？

**星云大师：**

这首诗告诉我们什么呢？就是"物我的合一"。我们的观念中，物是物，我是我，物我之间的关系是对立的，有时甚至是不能相融的。原因是我们把世间的"空有"分开，因此产生种种的矛盾、冲突、差别。但是在禅师的心中，物我是一体的，外相的山河大地就是内在的山河大地，大千世界就是心内的世界，物与我之间已没有分别，而将它完全调和起来。好比一棵树上，虽然同样接受空气、阳光、水分，但是树叶却有不同的生机，而彼此能无碍地共存于同一株树上。泯除物我的对待，才能得到圆融的统一，管它虱子从棉絮或污垢中长出来，把"自"、"他"的冲突去除，才能见到圆满的实相。

# 艺术弘佛法

**崇年先生：**

刚才我去佛光缘美术馆和宝藏馆参观了。

**星云大师：**

早在一九六三年，我创建寿山寺之初，就开始随时收集佛教文物，妥善保存在寿山寺。后来佛光山开山，所有文物都归佛光山所有。一九八三年，佛光山佛教文物陈列馆也就是现在的宝藏馆落成启用，为了实现"以艺术弘扬佛法"的心愿，我在世界各地弘化行脚时，更加留意收藏从大陆流落海外的佛像、法器等。我宁愿挨饿，也要把文物请购回佛光山。

**崇年先生：**

宝藏馆是台湾第一所专门典藏佛教文物的博物馆，所藏文物，件件精彩。大师为了让民众领略佛教艺术之美，以艺术弘扬佛法，真可谓殚精竭虑啊！

**星云大师：**

当初我请购这些文物的时候，遭到一些佛教人士的嘲笑，他们说：

"大法师，买文物，做生意，想赚钱。"

**崇年先生：**

非议，嘲笑，只是一闪，旋即破灭。现在，他们看到佛光山的宝藏馆和世界各地的佛光缘美术馆，就会明白大师的愿心了。

**星云大师：**

而今，佛光山在全世界总共成立了十九所佛光缘美术馆。

**崇年先生：**

真是了不起！

我听说大师为了筹建佛光大学，还举行了一连串"佛光缘书画义卖会"？

**星云大师：**

是。义卖活动不仅受到社会大众的瞩目，也因各界人士的大力支持，得以顺利圆满。有人好奇我如何将这许多名画汇集起来，我拿出张大千的名作《观世音菩萨》，道出其中因缘。

**崇年先生：**

张大千先生字画俱佳，堪称双珍。

**星云大师：**

阎老师这么推崇张大千，我把这幅观音画拿出来给老师看。

**崇年先生：**

谢谢！

**星云大师：**

有一天，香港来了一个电话，跟我讲他父亲病重，很想皈依我，问我能不能满足他这个愿望。我说，你人在香港，我在台湾，这怎么皈依啊？后来就想了个办法，用电话。我就用电话跟他皈依，老人家很欢喜地就走了，他家里的人也都很欢喜。后来这些子女无以为报，就送了一幅张大千的画。他跟我讲，这是张大千画的。他说是张大千画的，我们将信将疑，张大千的画那么贵，怎么有可能给我们呢？

你看这幅画上面是张大千的印，底下是佛光山的印，这是张大千五十一岁时画的。张大千曾经送给我他亲自画的一个《墨荷》，很大，他从来没画过那么大，上面题款是"送给星云大师"。当拿出来卖的时候，这幅题字的画是没有话说的。这一幅画我们跟所有人讲说是张大千画的，但是没有人肯相信。后来很多台湾的鉴定家就来鉴定，大家说这个不是张大千画的。那就糟糕了，没价值了。后来去找来一个张大千的关门弟子，姓孙，他来看，他说我的老师不可能画这种画。那好了，我们也就算了。可是就在那个时候，他问我们说，那你这个画从哪里来的？怎么会有这种画呢？我们就跟他讲说，是香港来的。那个人是谁？告诉他叫高岭梅。哦！他听到高岭梅就傻了。他说如果是高岭梅的，百分之百是真的。为什么高岭梅收藏张大千的画，百分之百是真的呢？高岭梅是情报头子，所有张大千的画都拜托高岭梅收藏，所以绘画界大家都知道高岭梅，那个电话皈依的老人家就是高岭梅先生。

**崇年先生：**

这个故事很有意思。

**星云大师：**

后来他过世了一两年，他的女儿来了一封信，说因为她父亲收藏张大千的画都有编号，而且都有登记手续，现在她要登记这一幅画是她父亲同意送给星云大师的，请我们写个收据给她，让她们也知道几号的画到哪里去了。所以后来我们才知道这幅画百分之百是张大千画的。一个信徒听了以后很高兴，提出义卖建大学。这幅画他就买了，买了以后，他听到这个故事，就说："师父，我的钱就捐了，画还是还你。"所以，张大千这幅画，现在还是保存在庙里。这幅画卖了两千万，后来他又把画捐还给了佛光山。我把它复制了两百幅，现在我也不肯给人了。为什么呢？要保持原画的价值。这一幅佛像画，是他功力最高的时候画的。那个关门弟子为什么不知道？因为那时候他还没有进门，所以他没有看过这个画。

**崇年先生：**

这幅画，画得好。

**星云大师：**

画得好。这一幅画我喜欢，愈看愈庄严，愈看愈好看。

**崇年先生：**

又庄严，又慈祥。

**星云大师：**

一幅观音画，不但支持了佛光大学，并且给了高岭梅先生一个皈依佛教的因缘。现在这幅画就送给你！

**崇年先生：**

敬谢！大谢！

**星云大师：**

这个故事，是古今所未有的用电话皈依三宝。哪一个人肯用电话就能皈依？

**崇年先生：**

这位老先生在电话中皈依"佛、法、僧"三宝，也是一种因缘。

画上的这方印刻得也好。

**星云大师：**

那个是朝山印，每朝一次，就盖一个章。原来是这样的，后来没有实行了。我就通通把它盖满了。

**崇年先生：**

裱工也好。

**星云大师：**

我想你们居家的家庭，挂这幅画大小很合适。

**崇年先生：**

大小合适。因为太大了，我那个房子也放不下。

**星云大师：**

现在的房子没有像古代那样大。

**崇年先生：**

古代王公贵族住的房子宽敞高大，平民百姓的房子就小了！

**星云大师：**

这幅画以后不再复制。

**崇年先生：**

那我们拿着这幅画照张相，做个纪念吧！

**星云大师：**

好！

**崇年先生：**

我回去后，每年旧历四月八日佛诞日，请出佛像，敬挂一下。不能每天挂，每天挂不行，不利于佛画像的保护。（有人插话：师父生日那天也要挂一下。）您的生日那天也要挂一下。

# 艺术与人生

**星云大师：**

世间上，凡一切具有审美价值的事物，统称为艺术。艺术不只是一幅画、一个雕刻，甚至一首歌、一笔字、一个建筑、一场讲演，只要能给人美感，可以引起别人的共鸣，能够让人的心灵提升扩大，这就是艺术，这也是艺术的价值所在。

**崇年先生：**

艺术因子，无所不在。看人们是否用艺术的视角去发现，去运用，去创造，去欣赏。

**星云大师：**

幽默大师林语堂先生提倡"生活的艺术"，即穿衣吃饭，行住坐卧，都有艺术在其中。一般人喝茶，但有的人品茗；有的人爱书，也有的人捕捉书中的智能，这就是艺术。

**崇年先生：**

其实，历史并不是枯燥的、乏味的、呆板的，历史也是艺术。我在拙著《正说清朝十二帝》的扉页写道："历史是镜子，历史也是艺术；它可以借鉴，更可以欣赏。"历史也是艺术，历史可以欣赏——这句话得到许多读者的共鸣。

**星云大师：**

人的生活离不开美感，从生活中感受、领略美的事物，才能享有艺术的人生。世间上，有的人脂粉庸俗，这是因为没有艺术；有的人气质高雅，这就是艺术。有的人只是注重外表的事相，而没有内涵；没有内涵，即使是一幅画、一首诗，也不是艺术。

**崇年先生：**

人的身心，充满艺术，所以做人要学习艺术。人内在蕴涵艺术，才能够展现美，才能够显露气质，也才会受人欢迎。生活上最重要的就是学习做人，但做人要学习艺术，才能过一个有艺术、升华的人生。

**星云大师：**

艺术是人类情感与智能的结晶，透过不同的方式，呈现出不同的艺术，包括音乐、舞蹈、绘画、雕刻、语言、文学、戏剧、电影等。艺术可以透过眼耳的观赏聆听，从视听上去感受它的美；艺术尤其需要用心灵去体会，才能丰富人生。

**崇年先生：**

说到艺术，大师的艺术造诣很高。譬如音乐，有一次我听您向僧俗众人开示，讲到诵唱"阿弥陀佛"四个字，您说：可以高，可以低，可以一高一低，可以一低一高，可以前高后低，也可以前低后高……您一边讲、一边唱，简直就是一首委婉动人的歌曲。这就是诵经的音乐，诵经的艺术。

**星云大师：**

还有，生活中，懂得幽默，就是一种艺术。近代知名的诗人作家郭沫若先生，为人风趣幽默。有一次应邀参加漫画家廖冰兄的画展，席间，郭沫若问廖冰兄，为什么取了这样一个奇怪的名字，自称为"兄"？一同出席的版画家王琦抢着代为回答："他妹妹名冰，所以他叫冰兄！"郭沫若一听，说道："喔！我明白了，郁达夫的妻子一定叫郁达；邵力子的父亲一定叫邵力。"一句话，引得满堂宾客捧腹大笑。

**崇年先生：**

这种生活中的艺术，既要有艺术，又要有智慧，光有艺术而没有智慧流于庸俗，光有智慧而没有艺术过于严肃，只有艺术与智慧结合，才有幽默，很不容易。

**星云大师：**

宋代的石曼卿学士，有一次出游报宁寺，侍从不小心使马受到惊吓，马背上的石曼卿因此摔了下来。随从大骂侍从，而石曼卿只温和地握着马鞭，对随从说："好在我是'石'学士，如果是'瓦'学士，岂不要摔破了。"

一句幽默的话，一些和善的语言，会化解人的难处，这就是生活的艺术。所以，人，不一定要拥有万贯家财，也不一定要日日高朋满座，但何妨为自己营造一个艺术的人生，让自己的心灵时时浸淫在真善美的境界里，这样的人生，何其高雅，何其富有！

**崇年先生：**

谈到艺术，您喜欢京剧吗？

**星云大师：**

喜欢。前不久我请张百发先生率领北京京剧院演员到佛光山演出，引起轰动。

**崇年先生：**

我也喜欢京剧。过去有时间看戏却没有钱买戏票，现在有钱买戏票又没有时间看戏，真是难得两全。一些京剧界的朋友送我光盘，可以在家中 DVD 机里看戏。我还喜欢听戏，越剧、黄梅戏我都喜欢听。

**星云大师：**

你喜欢西方音乐吗？

**崇年先生：**

可能跟专业有关，我偏爱中国古典音乐，也喜欢西方古典音乐。

譬如，莫扎特、施特劳斯的作品，我很喜欢。韵律明快，节奏感强，听了愉悦心境。

**星云大师：**

　　您的艺术生活丰富吗？

**崇年先生：**

　　很遗憾，我生活单调，也不会玩，我基本上是个书呆子型的学者。

# 第七篇　读书

读书贵在有恒，不必贪多，要量力而行，循序渐进。

——星云大师

读书"八之诀"：博学之，精约之，时习之，审问之，考辨之，思悟之，发明之，笃行之。

——崇年先生

# 读书之"四要"

**星云大师：**

十二岁那年，我在栖霞山剃度后进入佛学院，从此，书便成为我生命中的重要资粮，也是我一生中最大的爱好。因为渴望读书，我极力向往担任图书管理工作，希望借着整理书籍的剩余时间阅览群书。

**崇年先生：**

我从小开始读启蒙书，《三字经》、《百家姓》一类的。上小学后，学校和家里都不让我们看小说。所谓"老不看《三国》，少不看《水浒》"，《红楼梦》也不许看，我们只有偷着看些侠义小说。我中学是在北京上的，那个时代全面学苏联，小说也多是翻译苏联的文学作品，什么《卓娅与舒拉的故事》、《青年近卫军》、《三个穿灰大衣的人》、《钢铁是怎样炼成的》、《静静的顿河》等等。也看托尔斯泰、果戈理、高尔基的作品，但很少看西方古典文学作品，所以知识有缺陷。

**星云大师：**

自从爱上读书以后，我常常觉得阅读的时间太少了，甚至在夜晚熄灯以后，躲到棉被里点着线香偷偷看书。中国古典小说、从西洋翻译过来的小说、高僧传记、历史典籍等，可以说，我的成长一路伴随着书香。

**崇年先生：**

我读书多的时候，是在图书馆工作期间。那时候我不能教书，在图书馆做管理员。我在书库里放一张课桌、一把椅子、一个水杯，任意浏览，信手翻阅。馆长对我格外客气，每天只要到班就行，工作做不做无所谓。所以，我可以用大量的时间读书。《老子》说："祸兮福之所倚，福兮祸之所伏。"这是颠扑不破的真理。借此机会读书，真是因祸得福。

**星云大师：**

人读书，就像匠人切磨钻石，每一本书都是一具切割轮，要磨除晦暗的表层，让智慧穿进内心，折射出美丽的光芒。

**崇年先生：**

这就是"腹有诗书气自华"。圣人与俗人，区别在哪里？康熙皇帝在《庭训格言》里说："圣人一生，只在'志学'一言，又实能学而不厌，此圣人之所以为圣也！千古圣贤与我同类，人何为甘于自弃而不学？苟志于学，希贤希圣，孰能御之？是故'志学'乃作圣之第一义也。"就是说：贤人、圣人与凡人、俗人的区别，就是一个"学"字。孔子、孟子起初也是普通人，孟母为了给孟子学习创造一个有利的环境，三次搬家。康熙皇帝的格言，民间百姓的体验，都说明一个道理：立志学习，学而不厌，凡人可以成为贤人，俗人可以成为圣人。

**星云大师：**

读书就要读一流书，做一流人。我对来佛光山求学、进修的人提出四点建议，即"读书四要"：读做一个人，读明一点理，读悟一点缘，读懂一颗心。

读做一个人，就是说光会做学问不行，事业再大，但不一定懂得做人。因此，到佛学院读书，最主要的就是读懂如何做好一个人。

读明一点理，就是要使我们的理路通顺流畅，要以理待人。人是要讲理的，不讲理的人，读再多书也没用。

读悟一点缘，就是要广结善缘，把因缘读出来、悟出来，至少每天要有一小悟来修持。宇宙世界的成就，在于一个"缘"，若因缘不具足，则无法成就事业。

读懂一颗心，就是让自己看清自己的心念。一念瞋心起，整个思绪皆为烦恼所独占，不能做主。故要注重因缘，读懂自己的一颗心，心明白了，则一切都明白了。

**崇年先生：**

您说的这四点建议，不光对于佛学院的学生有用，对众生都是适用的。但是读些什么书呢？世上的书太多了，读不过来。北京图书大厦的经理告诉我，他们同时上架的图书约三十万种。我年轻时候，老师告诉我们要按着张之洞《书目答问》开列的书单去读，后来发现那是一个好看而不适用的书目。我也常对学生说："读书要三名：名人、名著、名篇。"就是先选择名人的书读，名人书中选其名著，名著中再选其名篇。譬如说，名人司马迁，选其名篇《史记》，再选其名篇《太史公自序》，记住："究天人之际，通古今之变，成一家之言。"

# 三日不读书，面目可憎

**星云大师：**

有人说："三日不读书，面目可憎。"现在的我，不能一天不展卷阅读，看书的习惯伴随我一生。书是我一生的朋友。

**崇年先生：**

我认为五同——同师、同学、同乡、同事、同行，虽很好、很亲、很近，但不一定是朋友，更不一定是终生的朋友，只有书才是终生的朋友。一个人，幼年时期以父母为伴，中年时期以事业为伴，老年时期以妻子为伴，但书籍可以终生为伴。所以说，书是我们终生的良师益友。

**星云大师：**

是的。并且事实上，读书是人生最不劳而获的事情。

**崇年先生：**

不劳而获？劳还是有的，读书是一劳多获，幼劳老获，随劳随获。

**星云大师：**

你看，那么多古圣文人雅士，或以数年之功，或穷毕生之力，将他们所经验、观察、感觉、思索的事情，以生花妙笔著作成书，而读者只需花费数日的功夫，便可以把书中所表达的思想、感情、精神、经验、智慧，完全地吸收，这不就是不劳而获的快乐吗？

**崇年先生：**

是的。书籍是读者终生的朋友。因为，书作为我们终身的良师益友，具有这样一些特点：

一是不受空间的限制。不管在家乡、在异国，在静态、在动态——如轮船上、火车上、飞机上，都可以有图书这个良师益友陪伴。

二是不受时间的限制。从三皇五帝、唐尧虞舜到宋元明清，直至当今的智者、贤者，都可以请来做自己的良师益友。

三是不受事情的限制。

四是不受情绪的限制。

五是不受金钱的限制。

六是不受性别的限制。

七是不受贫富的限制。富者可以同书做朋友，贫者也可以同书做朋友。

八是不受语言的限制。会多种语言文字的人，可以同更多的民族、国家的书做朋友。

九是不受门第的限制。"故凡事可论贵贱老少，惟读书不问贵贱老少。读书一卷，则有一卷之益。读书一日，则有一日之益。此夫子所以发愤忘食，学如不及也！"这是康熙皇帝《庭训格言》中的一段话。

**星云大师：**

读书的乐趣真是无穷。有的人读地理名胜，可以遨游天下；有的人读历史典故，可以和古人接心神交；有的人爱好文学，春花秋月，情境义理，妙味无穷；有的人喜欢理工，一个细胞，一粒分子，他也可以从中找出另外的一番天地。

世间上唯有知道读书乐趣的人，才肯每日与书为伍，体验"读书之乐乐如何？绿满窗前草不除"的乐趣。如果不肯读书，无疑放弃了世界上最为宝贵的财富。

**崇年先生：**

遗憾的是，还是有很多人不能体会读书的乐趣。我想，听了您上面精彩的话，读书的人会更多一些。

**星云大师：**

世间上确实有不少人不懂得享受读书的乐趣。官高权大，春风得意的人，他不容易体会读书的乐趣；富贵荣华，耽于吃喝玩乐的人，哪有闲情读书？俊男美女，以亮丽的外表吸引人，哪里注重内涵？所以不想读书；声音大的人，也不喜欢读书；没有读书的同好，或者为生活忙碌的人，尤其是好狡辩的人，一派歪理，强词执著，不肯吸收正常的知识，这些人都难以体会读书的乐趣。

## 崇年先生：

不体会读书的乐趣，是不懂得读书的好处。《左传》说："太上有立德，其次有立功，其次有立言。虽久不废，此之谓不朽。"要立德，一定要读书；要立功，一定要读书；要立言，也一定要读书。立言，就是著书立说。所以，古人圣贤之书，既是读者的老师，又是读者的朋友。

## 星云大师：

我认为读书的乐趣主要有这么四点：

第一，遨游天下世界。"秀才不出门，能知天下事"，你博览群书，可以增加自己不同领域的深度、广度与厚度。一本地理书，收集世界森罗万象、人文风情；一本历史书，罗列千人思想精髓、功勋伟业。握有一本书，就像拥有大千世界，随手展卷，天地宇宙就能任我遨游，这岂不是人生一大乐事！

第二，接触过去未来。文字的出现，记录了文明及圣贤的智慧，让人类知古鉴今，展望未来。像佛教经典的成立，是佛门弟子将佛陀的教法透过文字记录，集成三藏十二部，让佛法得以流传，众生对未来有了希望，有了解脱的指示标。透过读书，我们能知道过去、探索未来。

第三，体会哲理妙味。《菜根谭》云："读书不见圣贤，如铅椠佣。"透过阅读，若洞察不到古人圣贤的思想内涵，那也只是文字的生吞活剥，所以佛教说"闻思修入三摩地"，要体会妙义，才能真正受益。能把自己所学的知识，与今日世界、现实人生、自然万象贯通，运用于生活、人生，才真是领略读书的三昧！

第四，增加心意升华。书能使我们的心意升华，找到生命盎然的泉源。所以古人说："士大夫三日不读书，则理义不交于胸中，便觉面目可憎，语言无味。"透过书本，我们得以汲取作者的知识、人生体验之精华，增长见识，启迪智慧，颐养性灵。

**崇年先生：**

刚才您讲的读书四种乐趣很好。其实，我统计《三字经》常见的本子是三百七十四句，一千一百二十二个字，突出地劝说读书学习。开头从"苟不教，性乃迁，教之道，贵以专"，到"玉不琢，不成器，人不学，不知义"，共二十四句，七十二个字；结尾从"读史者，考实录，通古今，若亲目"，到"人遗子，金满籝，我教子，惟一经"，共九十六句，二百八十八个字——合计一百二十句，三百六十个字，占总句数、总字数的三分之一。当今的时代，大部分人不愁吃，不愁穿，可以说是衣食无忧。那么，还缺什么？位子、票子、房子、车子、妻子、儿子吗？我觉得最缺的是读书。现在社会普遍存在浮躁风，刹住这股风的灵丹妙药就是读书！通常认为《三字经》是儿童启蒙读物，实际上也是给成年人看的。《三字经》说："苏老泉，二十七，始发愤，读书籍。"这是鼓励中年人读书学习。《三字经》又说："若梁灏，八十二，对大廷，魁多士。"这是鼓励老年人读书学习。就是圣人、官员也要读书学习："昔仲尼，师项橐，古圣贤，尚勤学。赵中令，读鲁论，彼既仕，学且勤。"所以，人们生活的格言应该是：读书！读书！再读书！

# 与书为友，开卷有益

**崇年先生：**

《颜氏家训·勉学篇》说："积财万贯，无过读书。"《汉书·韦贤传》记载："遗子黄金满籝，不如一经。"读书的益处很多，我曾经概括为"读书八益"：一是长知识，二是悦心目，三是辨正邪，四是诚修身，五是利资治，六是增智慧，七是悟道理，八是达至善。总之，读书学习，丰富文化知识，传承文化血脉，汲取智慧资源，提高道德修养。

**星云大师：**

开卷有益。书可以解惑，书可以明理，书可以致富，书可以教给我们做人的道理。因此，我们每个人都需要读书。

**崇年先生：**

其实，关于读书的益处，古代的圣人、贤人多有言及。如孔子说："好仁不好学，其蔽也愚；好知不好学，其蔽也荡；好信不好学，其蔽也贼；好直不好学，其蔽也绞；好勇不好学，其蔽也乱；好刚不好学，其蔽也狂。"这是《论语·阳货》中的一段话。"仁"者、"知"者、"信"者、"直"者、"勇"者、"刚"者，这六者都要好学，何况普通人呢！朱熹也说："为学之道，莫先于穷理。穷理之要，必在于读书。"古之圣贤老早就告诉我们读书好学、开卷有益的道理。

**星云大师：**

康熙帝也特别爱读书。

**崇年先生：**

是的。康熙帝曾经说："读书一卷，即有一卷之益；读书一日，即有一日之益。"他五岁开始读书，八岁登极，于儒家经典，日日必读，字字成诵。十七八岁时，读书过劳，至于咯血，但仍不肯休息。二十四岁时，在内廷设南书房，选择汉儒为侍读学士，常侍左右，讲究文义。他命学士日日进讲，虽在瀛台避暑，也未尝间断。在为时八年"平定三藩之乱"的战争期间，战局迅变，军报频至，京师军民，惶惑不安，翰林院奏请隔日进讲，康熙帝不听，说："仍每日进讲，以慰朕惓惓向学之意！"他三十一岁首次南巡，御舟停泊南京长江燕子矶，夜至三更，仍不废读。他和儒臣研讨哲学，常到夜深。他曾临摹法帖，多至万余；写寺庙匾额，多至千余。又尝在宫门外临书数十纸，让诸臣聚观品评。康熙帝从幼至老，孜孜求学，寒暑无闲，手不释卷。

**星云大师：**

康熙帝惓惓读书，是为着经邦治国，他真是个了不起的人。

**崇年先生：**

是的。康熙皇帝在亲征噶尔丹的行军途中，过戈壁大漠，涉克鲁伦河，有时断粮，间日而食，仍然坚持在帐篷里，星夜掌灯，夜读不辍。《清朝通史》引述外国耶稣会士的记载："晚上的时间，好学的康熙常常手不释卷，耶稣会士张诚等给他讲解几何学及其他自然科学。"

**星云大师：**

连打仗的时候都不忘记看书、学习，真可以作为世人学习的模范。

**崇年先生：**

读书还可以使人长寿呢。康熙帝说："人果专心于一艺一技，则心不外驰，于身有益。朕所及明季人，与我国之耆旧，善于书法者，俱寿考而身强健。复有能画，汉人或造器物匠役，其巧绝于人者，皆寿至七八十，身体强健，画作如常。由是观之，凡人之心志有所专，即是养身之道。"这是康熙《庭训格言》里的一段话。这里的技艺、书画养生，同读书养生，心志专一，道理相通。康熙帝又说："学以养心，亦所以养身。盖杂念不起，则灵府清明，血气和平，疾莫之撄，善端油然而生，是内外交相养也。"就是说，读书学习既可以养心，又可以养身，心身内外，互相滋养，何乐不为？

**星云大师：**

　　心志专一，才能心无旁骛，静心做事，不容易受外界的侵扰，这样，忘却了烦恼，身心获得平衡，自然对健康有益。

**崇年先生：**

　　有一篇文章曾经综合考察了二百九十位文学家，其中先秦四位、秦汉十一位、魏晋南北朝四十四位、隋唐五代四十三位、宋代四十七位、元代十六位、明代四十六位、清代七十九位，算出他们的平均年龄是五十八点四岁，而同期人均寿命不到三十五岁。科学家呢？中华医学会对老年人存活率的测定表明，脑力劳动者、体力劳动者和无职业者的累计，存活率分别为百分之八十五、百分之三十九点六和百分之二十八；在属于长寿的十八类职业中，绝大多数都是脑力劳动者。这篇文章又引用欧洲的数字。从欧洲文艺复兴至今，世界上最杰出的五十名科学家、发明家和文学家，都比较长寿；十六世纪以后欧美的四百位杰出人物中，其中科学家的平均寿命达到七十九岁，为最长寿一族。为什么？要读书，必心静。也就是您刚才说的，静心读书，可以忘却烦恼；如果心境不静，内心躁动，心理失衡，免疫性差，就容易染上疾病。书要读进去，还需要动脑筋。俗话说，人老脑先衰。而经常读书思考，脑子就不易老化。书要读进去，更可转移不良情绪。读到妙处，会意一笑，烦恼顿消，忧虑立除，心情大好。纵然是疾病缠身，徜徉书海，转移注意力，也会减轻病痛。相传曹操有头风病的顽症，当他读了陈琳写的《为袁绍檄豫州文》，"悚然汗出"，一举解除了病痛。陆游活了八十五岁，他的体会之一就是"病需书卷作良医"。现在有些国家在医院开设了图书馆，称之为"书籍疗法"，其道理就在于读书能转移不良情绪，从而促进身心健康。

## 忙碌人生的床头书

**星云大师：**

大凡爱读书的人，床头上都摆有"床头书"，从床头书就可以知道一个人的性格与兴趣。他喜欢什么，他的床头一定会摆上几本他喜欢的作品。

**崇年先生：**

我听说佛光山图书馆的书大多是您以前的床头书？

**星云大师：**

对，美国西来大学也收藏了不少我的床头书。我一生很好买书，记得几十年前到日本访问，我宁可少吃一餐饭，也要省下钱来买书。

**崇年先生：**

大师真是爱书如命，读书成癖啊！那您的床头书一般是哪类书呢？

**星云大师：**

　　现在我的床头书大部分是古典的、艰深的，甚至英文、日文的书籍。因为我看不很懂，所以可以很快睡着。过去读书以求知识为主，现在则以求睡眠为主。看书很重要，睡眠一样很重要，拥有好的睡眠也是人生的一大幸事。所以，床既可以增加智慧，也可以增加休息。因此，床头书不要选择大部头的书，太重，捧读起来很吃力；床头书也不要选长篇的，容易失眠。最好选择古典的，古典书籍看起来很费神，看过去就睡着了；也可以选择外语的，因为不太通达，所以很容易入睡；也可以选择一些轻松的小品文，纵使没有睡意，看了也不费神。当然，最好是选择智慧语录或富含哲理的教言，看过之后，可以在睡梦中加以思维、回忆，可以增长知识，开阔思想。

**崇年先生：**

　　您的床头书很有意思。我没有床头书，为什么呢？因为我二十多岁的时候患过失眠症。夜里失眠，到下夜一两点钟还睡不着。越睡不着，就越烦躁；而越烦躁，就更睡不着。我想很多夜里失眠的人都有同感。怎么办？求医问药。西医、中医，求的很多；西药、中药，吃的无数，也没治好。有幸我遇到一位会气功的医生，他教我练气功。练法很简单，就是慢慢吸气，气运行到丹田，再慢慢吐出，要精神集中，意随气行。每晚上床后，不看书，不思考，平静心意，练习气功。做了一段时间，大约十分钟，就会睡着。于是，我给自己做了规定：看书，著述，思考，都要在写字台或沙发上做，只要一上床，就静下思绪，安心地睡觉。这样坚持了大约半年，失眠症好了。好了之后，继续坚持，大约有十年，形成了习惯。不过，我在卫生间有个自制的小书架，看些自己喜欢的小书。

**星云大师：**

一般而言，床头书是最贴近心灵的精神读物，所以要慎重选择。现在一些不正当的情色杂志、八卦新闻等，都不适合当作床头书，因为这种书报杂志会腐蚀人的心灵，对思想、灵魂没有帮助。所以这类的书籍不但不能成为床头书，甚至连厕所都不宜放置。

**崇年先生：**

我虽没有床头书，但有沙发书。在沙发的旁边，放个小凳子，摆上沙发书。摆放的图书，随看随换，不断更新。不过，床头书，沙发书，厕间书，都要选择有益于身心、有益于情志的。

**星云大师：**

床头书顾名思义就是摆在卧室里的床头柜上的书，卧房既不是阅读大书、研究学问的地方，也不能当作消遣、休闲之用。床头书可以培养看书习惯，借着看书减少杂念，训练思维，改变气质，有益健康。但是，现在一些青少年一看书就往床上一趴，到最后反而分不清是精进还是懒惰。尤其躺在床上看书，造成姿势不良，同时影响视力，所以，这样的话，看床头书就有百害而无一益了。

**崇年先生：**

我自己不看床头书，但不反对别人看床头书。据我所知，很多人有床头书、床头报、床头杂志。每人情况不同，各人选其所好。但是，青少年，尤其是中小学生，最好不看床头书，养成上床睡觉的好习惯。

**星云大师：**

看床头书是好习惯还是坏习惯？各人看法不同，但是我觉得，忙碌的人生需要床头书。

# 读书的经验与境界

**星云大师：**

宋太宗曾经说："对读书，我只感到有好处和乐趣，不觉得有什么辛苦。"读新书如晤良友，读旧书如遇故人。书实在是人不可缺少的伴侣。

**崇年先生：**

美国总统林肯说过：谁送我一本书，谁就是我的朋友。他对书看得多重！英国作家斯迈尔斯也说过："一本好书常可视作生命的最佳归宿，一生所思所想之精华尽在其中，对大多数学人而言，他的一生便是思想的一生，因此好书即为金玉良言与思想光华之总成，令人感铭于心，爱不忍释，成为我们相随之伴侣与慰藉。"中国古代文人墨客，没有不爱书、不读书的。读书是中国文人一个优良的情结。

**星云大师：**

古人读书，很有讲究。读经典的时候，要求高声朗读，读得字字响亮。朱熹在《训学斋规》中说："凡读书，须要读得字字响亮，不可误一字，不可少一字，不可多一字，不可倒一字，不可牵强暗记，只是要多诵遍数，自然上口，久远不忘。古人云：'书读百遍，其义自见。'谓读得熟，则不待解说，自晓得其义也。"朱熹还提到读书有"三到"："谓心到、眼到、口到。心不在此，则眼不看仔细，心眼既不专一，却只漫浪诵读，决不能记，记亦不能久也。'三到'之中，心到最急。心既到矣，眼口岂不到乎？"

**崇年先生：**

清代左宗棠在写给儿子的家书中，也提到了这"三到"："读书要眼到，一笔一画莫看错；口到，一字莫含糊；心到，一字莫放过……温书要多遍数想解，读生书要细心听释。"他还对此做了详细的说明：

目到："读书不看清字画、偏旁，不辨明句读，不记清首尾，是目不到也。"

口到："喉、舌、唇、牙、齿五音并不清晰伶俐，蒙笼含糊，听不明白，或多几字，或少几字，只图混过，是口不到也。"

心到："经传精义奥旨，初学者固不能通。至于大略粗解，原易明白。稍肯用心体会，一字求一字下落，一句求一句道理，一事求一事原委。虚字审其神气，实字测其义理，自然渐有所悟。一时思索不得，即请先生解说，一时尚未融释，即将上下文或别章别部义理相近者反复推寻，务期了然于心，了然于口，始可放手。总要将此心运在字里行间，时复思泽，乃为心到。"

**星云大师：**

每次看到这段家书，我都倍感亲切，因为我也是这样告诉我的弟子的。为人父母和为人师者，其心实在是不分轩轾。我给弟子上课，不奢望大家都聪明得一讲解就了然于心，但却很在意弟子闻法的态度，最起码要能做到目到、口到、心到。

**崇年先生：**

读书的口到与心到，是紧密相连，相辅相成的。心到了，口到了，眼必然到了，"三到"是融为一体的。因此，要想把书真正读好，读到烂熟于心，达到应用自如，"三到"是缺一不可的。

**星云大师：**

读书贵在有恒，不必贪多，要量力而行，循序渐进。

**崇年先生：**

读书之法，初贵于博，继贵于精，最贵于悟。这个"悟"字很重要。《西游记》里唐僧三个弟子的名字悟空、悟能、悟净，都突出"悟"。读书，每个人都有自己的经验体会，康熙帝总结自己的读书经验时说："朕八岁登极，即知黾勉学问。彼时教我句读者，有张、林二内侍，俱系明时多读书人。其教书惟以经书为要，至于诗文则在所后，及至十七八，更笃于学，逐日未理事前，五更即起诵读，日暮理事稍暇，复讲论琢磨，竟至过劳，痰中带血，亦未少辍。朕少年好学如此。更耽好笔墨，有翰林沈荃，素学明时董其昌字体，曾教我书法。张、林二内侍，俱及见。明时善于书法之人，亦常指示，故朕之书法，有异于寻常人者以此。"

**星云大师：**

读书要珍惜时间，懂得利用零碎的时间来读书，不要让光阴白白溜走。我常常自豪地告诉别人："公路、天空是我的床铺，汽车、飞机是我的餐厅，一本书和膝盖是我的书桌，一支笔是我所有的动力。"

**崇年先生：**

读书既要博览，也要精选。读什么书呢？我认为要"读传统、读'三名'、读时尚、读急需"。传统，经学如《大学》，史学如《史记》，子部如《老子》，集部如《楚辞》。"三名"即名人，如李白；名著，如《李太白集》；名篇，如《送孟浩然之广陵》。时尚，如保健类的书。急需，根据自己的急切需要选择。

**星云大师：**

有的人很会读书，并深得其乐；有的人对读书则味如嚼蜡，不知其味。我认为，读书要以融通为主，以方法、技巧为辅；读书以勤、熟为功效，以用心、下手为实际。

**崇年先生：**

我概括了读书的"八之诀"：博学之，精约之，时习之，审问之，考辨之，思悟之，发明之，笃行之。

**星云大师：**

你概括得很好，如果能够做到这些，就进入了读书的最高境界。

**崇年先生：**

读书的经验应是：贵多更贵精，由博而致约；贵精更贵悟，由约而通达。把书读通了不容易。

**星云大师：**

不同的人，有不同的读书境界。

**崇年先生：**

我认为读书有三种境界：

一是"消闲"，这是最低的层次。人太忙，怎么办？要消闲，诸如对饮当歌，或串门闲聊，或居家独处，翻开书本求教。不管什么书，只要能读下去，凝滞的时光，如同涧底的暗流，渐次打发过去……

二是"求知"。抱着这种念头去读书似有功利目的在。人要生活、立身、升迁，并求得在社会上立足，必持一技之长，这种技能或从社会得来，或从书本中得来，而从书本中得来，便是"求知"。其实，

"求知"包含两层意思：一是自我完善，二是启迪别人。世上只有自己明白的事，才能清楚地告知别人，这种人追求知识的目的是为了充实自己的不足。

三是"无欲"。就是无欲无为的读书。清代思想家戴震认为："凡事皆有欲，无欲则无为也。"读书只有除却功利之外，才能得到真正的快乐。将读书当"敲门砖"者，永远跨不进神圣的读书殿堂。

## 建设书香社会

**星云大师：**

书对于人类来说太重要了！有的人将书比为面包，有的人将书引为良师，有的人将书喻为渡轮，有的人将书喻为阶梯，甚至更有人将书奉为水源与阳光。著名作家高尔基曾经表示："我扑在书本上，正如我扑在面包上那样的贪婪。"

**崇年先生：**

读书不仅是个人的行为，也应当是民族的行为。如果全民族轻物欲，重人品，那么，全社会的风气会为之一变。就如古人所云："凡人进德修业，事事从读书起。多读书，则嗜欲淡；嗜欲淡，则费用省；费用省，则营求少；营求少，则立品高。"

**星云大师：**

读书是一种乐趣，已经成为文明社会的共识，因此，全社会都应该形成热爱读书的氛围，让书香散布在每一个角落，让社会充满书香。

**崇年先生：**

读书并不难，难的是能"一以贯之"。既有坚定不移之志，又有勇猛精进之心。

**星云大师：**

读一本书两本书并不难，终生读书、手不释卷却难。一个人读书、两个人读书不难，全社会读书、全民族读书却难。

**崇年先生：**

凡是发达国家和先进民族，都有良好的读书传统。这也就是说，良好的学习型社会机制和全民读书的氛围，能促进国民素质和民族竞争力的提高。

**星云大师：**

在西方，随时随地都能看见人手一册书的情景；日本的地下铁，放眼望去都是阅毕的书籍，而不是充斥着垃圾；在以色列的家庭中，可以没有餐厅，却不能没有书房；但是中国人似乎就差那么一点。

**崇年先生：**

读书要有使命感。康熙皇帝谈到他为什么坚持读书时说："尔等惟知朕算术之精，却不知我学算之故。朕幼时钦天监汉官与西洋人不睦，互相参劾，几至大辟，杨光先、汤若望于午门外九卿前，当面赌测日影，奈九卿中无一知其法者。朕思己不知，焉能断人之是非？因自愤而学焉。今凡入算之法，累辑成书，条分缕析，后之学此者，视此甚易，谁知朕当日苦心研究之难也。"顺治皇帝在位时，曾重用德国传教士汤若望，命其担任钦天监正，相当于皇家天文台台长，并参与制定新历法——《时宪历》。但到钦天监的汉官杨光先等不认同汤若望，为了验证各自的天文理论，杨光先和汤若望在皇宫午门之前测量日影。然而九卿之中没有一人懂得天文算法，因此也无人能为他们作裁判。年幼的康熙目睹了这一场面，为了"断人是非"，便开始努力学习算术，最后臻于精通。

**星云大师：**

所以说读书要有一种动力。

**崇年先生：**

古往今来，认真读书，都要有一种动力。这种动力就是"fèn"：一个是勤奋的"奋"；另一个是发愤的"愤"。古来勤奋读书的人，多有一个大的志向；同样，发愤读书的人，也多有内心里的郁结。

**星云大师：**

要把勤奋读书、发愤读书变成全民族的精神。犹太民族全民族重视读书，是个好例子。

**崇年先生：**

犹太民族是世界上智力成就最高的民族之一。据说，犹太人在孩子很小的时候，就把蜂蜜滴在《圣经》上，然后让孩子用小手翻书，孩子不经意地把手放进嘴里，会感到书上的甜味，在幼小的心灵中，就对书本留下了终生难忘的美好印象。有人惊叹，世界的财富在犹太人的口袋里，犹太人的财富在自己的脑袋里。似可以说，读书是犹太人成功的第一秘诀。截至二〇〇一年，获得诺贝尔奖的犹太人已达一百二十九人，占获奖总人数的百分之十五点四七。领导近代科学三次伟大革命的科学家都是犹太人——马克思创立科学社会主义，引起了唯物史观的革命；爱因斯坦创立了相对论，引起了时空观、运动观的革命；弗洛伊德创立了精神分析学说，发现了人的心灵深处的无意识奥秘，引起了人的自我认识的革命。二〇〇二年的有关统计表明，在美国前四百名富豪里，犹太人占了百分之二十五；在前四十人中，占了百分之四十。对教育如宗教般虔诚，一个书香民族令世人刮目相看，便在情理之中了。

**星云大师：**

要提升社会的力量，必须养成人人读书的习惯。读书，应该像义务教育一样，义务教育有时候要强制执行，读书也应该鼓励人养成习惯，让书声洋溢于世界，成为推动社会进步的动力。

**崇年先生：**

一个不崇尚阅读的民族，是一个没有希望的民族。阅读不仅关系到个人的生存发展，也能改变国家民族的命运。现在国家提出建设学习型家庭、学习型社会，倡导全民读书活动，不仅对个体阅读产生积极的影响，更重要的是有利于激发全体人民的学习热情，提高全民族的文化素质，建设和谐社会。

**星云大师：**

对于每个人来说，要活到老、学到老，终身学习；对于整个社会来说，则要提倡全民阅读，建设书香社会。台湾天下远见文化事业群的总裁高希均先生，曾经这样设想过书香社会：

——讨论观念的书，变成畅销书。

——书评受到重视，书评家受到尊敬。

——送书变成了最受欢迎的礼物，买书变成了日常支出的一部分。

——青年人关心的不是如何应付考试，而是如何多读好书。

——朋友们聚在一起时少谈牌经、球经，而代之以讨论好书与好文章。

　　——社会上热门的话题不再是犯罪与离婚，而是新观念与新建议。


**崇年先生：**

　　希望高先生的设想能够早日实现，希望中国早日成为书香社会。

# 第八篇　身心

我的健康妙诀是：

吃得粗，吃得少，吃得苦，吃得亏；

起得早，睡得好，七分饱，常跑跑；

多笑笑，莫烦恼，天天忙，永不老。

　　　　　　　　　　　　——星云大师

　　会吃饭，会睡觉，慎起居，心坦荡，是保持身体健康的法宝。

　　　　　　　　　　　　——崇年先生

# 民以食为天

星云大师：

目前，国际间最重视、最关心的，就是环保、建筑、经济、卫生、保育等问题。而这些国际间所关注的潮流，都离不开人类的安全与健康，其中，"食品健康"问题，一直是人类所关心的重点。

崇年先生：

"民以食为天。"吃是维持人类生存的根本，以至于中国人把吃当作"天"来看待。食品的健康与安全是人类生存的基本保障。

星云大师：

从中国的秦始皇，到十六世纪法国的弗朗西斯一世，都是一心慕求长生不老药的君主。除此之外，中国历代文人也都有这样的诉求，比如宋代，苏东坡有"何须魏帝一丸药，且尽卢全七碗茶"的诗句；苏辙有"老去自添腰脚病，山翁服栗旧传方"的诗句；黄庭坚则留下"汤泛冰瓷一坐春，长松林下得灵根。吉祥老子亲拈出，个个教成百岁人"的诗句。由此可见，食用健康食品，是不论身份、地位、地域的，是人们有志一同的希望。

崇年先生：

中国历代的君主，秦始皇、汉武帝、明嘉靖帝、清雍正帝等，都想长生不老，可是至今没有一位长生不老的皇帝。说到饮食，皇帝的饮食是天下最好的，偏偏皇帝不高寿。明朝十六位皇帝，平均寿龄四十二岁；清朝十二位皇帝，平均寿龄五十三岁。这说明皇帝的饮食同皇帝期望的寿命是不一样的。

**星云大师：**

孔子说：食不厌精，脍不厌细。而现在流行的健康食品，却要合乎自然，且不能太咸、太油、太精致，虽不是长生不老药，但要益于五脏六腑的消化，要增加皮肤的滋润，还要能够抗拒百病。如水耕植物、海藻片、糙米饭、小麦草、胚芽米、水果醋，一些清淡、天然、无人工色素的食品和低糖、低胆固醇的食品，都被列入健康食品的行列。

**崇年先生：**

现在，窝窝头和糙米饭成了人们饭桌上的新宠。过去农村一般家庭平日吃不上白面，逢年过节才可能吃上一顿白面。北方的面条，穷人吃的杂面，现在成为绿色营养食品。粗精颠倒，蛮有意思。不过，现代人为了口腹之欲，往往也不吝品尝鱼翅、燕窝等。二〇〇三年SARS从南粤等地开始流行，据说与人们爱吃一些动物野味有关。

**星云大师：**

现在一般的社会人士，只贪图饮食享受，面对不断的天灾人祸、生灵不安，似乎真的都没有一点觉省。在加拿大，人们即使钓到了鱼，如果没有一尺长以上，他们是不会忍心烹杀煮食的，一定要放回河里，以保护生命的成长。现在世界上不少护鲸协会都用种种方法去影响临海国家，呼吁大家共同抵制、处罚滥捕鲸鱼的人，为的是要维持生态的平衡，不要让稀有动物在我们这一代绝种。不然的话，真是天大的罪过啊。

**崇年先生：**

我到过一个地方，早上到海边散步，见渔民用密眼网捕鱼，捕上的鱼非常可怜，约有一寸多长。这真是"竭泽而渔"。我看到史料记载，在清康熙年间，清朝代表到尼布楚去谈判，临行带上渔网，到关外一个湖里捕鱼，一网下去，全都是鱼，网都拉不上来。五十年前，东北还有民谣："棒打獐子瓢舀鱼，野鸡落在饭锅里。"由于人口激增，渔猎没有节制，上面那种状况，已成历史故事。

**星云大师：**

什么才是健康食品呢？老子云："五味令人口爽。"每天所食，只要能维持生命能量之需，而不过取，就是健康食品。《菜根谭》云："知生之必死，则保生之道不必过劳。"身心健全、生活自在，才是真正的健康。

**崇年先生：**

古代有春天不狩猎的礼制，因为春天是动物怀胎繁孳的季节，要关爱生命，并泽及繁衍。

**星云大师：**

保护生态，实质上就是保护自己的生存空间，也就是保护自己的生命。我们不能把自己一时的口腹之乐，建筑在其他众生的痛苦身上，如此有损自己的阴德、寿命，这是必然的因果。如果没有这样的因果，何必以"食"比"天"呢？

**崇年先生：**

人与生物、人与自然，共存共享，彼此和谐。人若无限制地破坏与自然界的平衡，到头来，必然受到生物与自然的惩罚。

**星云大师：**

其实，人除了嘴巴吃之外，眼、耳、鼻、身、心都需要健康食品。眼睛的健康食品，是看有益身心的书籍、影视；耳朵的健康食品是听好话、听悦耳的音声；身体的健康食品，是舒适、充足的睡眠，以及适度的运动；心的健康食品，是满足、感恩、信仰、沉静、安忍、自在，以及包容、宽心、温和与体谅。

## 吃素的真义

**崇年先生：**

素食逐渐成为二十一世纪的饮食新潮流，北京现在就有很多素食餐厅。希望您的素食餐厅——"滴水坊"，在国内各大城市都能生根，让身处喧嚣的行人，在那里吃到一份健康食品，找到一份宁静温馨。

**星云大师：**

"素食"在中国是荤食的对称；在日本，则被称为"精进料理"；在西方国家，叫做"健康食品"。从不同国家对"素食"名称的诠释，就可以知道素食对现代人来说，是有利身心的饮食观念。

**崇年先生：**

儒家也提倡素食，所以有《孟子·梁惠王上》"见其生，不忍见其死；闻其声，不忍食其肉，是以君子远庖厨也"的说法。但是人们一般还是把素食与宗教联系起来。

**星云大师：**

儒家提倡仁爱、主张孝道，所以有孟子说的"君子远庖厨"。此外，父母过世丧期之间，子女要布衣素食，禁断酒肉；甚至遇上重大祭典时，人们也要斋戒沐浴，以示对神祇的敬畏。佛教传入中国以后，"戒杀放生"的观念与儒家"仁爱"思想结合起来，也使得素食风气更加兴盛。其实，素食并不完全是宗教上的意义：有的是为了医学上的卫生保健，有的是因为个人的身体需要，有的是为了生活的习惯，有的是因为长辈家传，有的则是自己发心立愿等。

**崇年先生：**

不论是取决于信仰、健康、道德，还是习惯的素食者，都认定素食能有利身心。素食确实对身体有益，我有亲身的体会。去年我去佛光山、佛光大学，吃了两个月的素食，回北京以后，第二天我就去医院体检，发现有了变化——原来血脂、胆固醇都有点偏高，但回来再查，血脂、胆固醇等各项指标都完全正常。

**星云大师：**

素食有益于健康，现在已经是举世所公认的事实。近代西方所提倡的健康饮食，即指素食而言。素食确实有益于身体的健康、心性的柔和、性格的仁慈以及耐力的增加等等。美国的航天员在登陆月球之前，特地做素食的训练，因为素食者的体力比较耐久。例如，牛、马、大象、骆驼等，皆为素食的动物，它们都比较具有耐久的力量。又如飞行的鸽子，也是吃豆谷之类的素食者，它们也能展翅千里，不屈不挠。反观狮狼虎豹，虽然凶猛，可是老虎三扑，后力不继。可见素食可以增加耐力，从这些动物中即可获得明证。

崇年先生：

您举的这些例子很有意思。有人说，吃素的人比较平和。

星云大师：

吃素有助于打坐，能长养慈悲心，吃素的人清心寡欲，性格比较柔软、和平，寿命一般比较长。素食甚至能够维护生态环境，减少世间的争斗和残杀。

崇年先生：

吃素的好处很多，但是有的人往往因为执著吃素，而造成别人的不便。

星云大师：

吃素不能吃得古怪，否则就要为人诟病了。有的素食者不肯到别人家做客，因为他认为别人家的锅子炒过肉，不清净。六祖惠能不也吃过肉边菜吗？常常有好心的信徒跟我说："师父，请到我家来接受我的供养吧！我特地为您买了新的锅碗。"或者说："师父，我把锅子刷洗得很干净，您放心到我家里来吃饭。"我说："不用那么麻烦，你煮过肉的锅子，随便冲洗一下，再煮东西给我吃，也不会怎么样。我是去吃菜的，又不是吃锅子！"

有的人不肯和吃荤的人同桌吃饭，其实大可不必矫情。吃素的人要有随缘的性格，只要自己吃素吃得开心，何必在乎别人吃荤？甚至有的人见到你吃素，也会很好奇，这时候如果分一点素菜给他试试，或许他也会很欢喜呢！

崇年先生：

其实，这完全是一种生活的习惯。我在报上看到一篇报道，标题是《绝食六年 健康依旧》。这篇文章介绍了一个真实的故事：一位德国医生叫麦克·沃纳，从二〇〇一年开始，他只喝果汁、牛奶、清水、咖啡等，不吃主食，不吃鱼肉，每天早上长跑三英里（折合四千八百二十七米），还是一名网球健将，并坚持正常上班。我看了这条消息，半信半疑。一次我应邀到中国军事医学科学院做学术演讲。演讲正式开始前，我向在座的教授、博士提出求教问题：麦克·沃纳的做法从科学方面讲是否可行？一位研究生化的老教授回答：从理论上讲是可行的，因为果汁、牛奶、清水、咖啡、蔬菜、空气和阳光等，可以满足一个人的正常营养需要。我又问：麦克·沃纳的做法是否具有普遍意义？一位研究营养学的博士回答：可以，但是开始要忍耐饥饿。这个事例说明：素食可以满足人的基本营养需求。

**星云大师：**

素食的真正意义，其实不要在时日上计较，也不要执著锅碗是否洗净。素食其实是吃"心"，如果心中有"素"，所谓慈悲喜舍、善良道德，都尽在其中！

# "以病为友"

**崇年先生：**

一个人一生中，要历经无数磨难。生老病死，谁也逃脱不了。光是身体上的疾病，就带给人很多痛苦。

**星云大师：**

疾病与痛苦是分不开的，所谓"病痛"、"病苦"、"疾苦"。生病了，是很不幸的；然而凡人吃五谷长大，哪有不生病的呢？所以"生老病死"是人生免不了的过程。

**崇年先生：**

那么，对待疾病，我们要有正确的观念，不能轻易被疾病击垮。

**星云大师：**

对于疾病，首先要懂得预防，与疾病保持距离。万一生病了，也要做到"与病为友"，坦然面对疾病，而不是心生排斥、恐惧、忧愁，因为这样的心念，只会加重身体的病情。

**崇年先生：**

"与病为友"，这是智慧的语言。普通人的态度是"与病为敌"，病来了，当敌人，用青霉素、用黄连素等杀菌的药去"消灭敌人"。所以，"与病为友"是富于哲理的见解。

**星云大师：**

古德说："修行人应带三分病，才知道发心。"基本上，会信仰佛教的人，大都各有其因缘。例如：有的人因为生活遭逢困难、挫折，想要找个依靠，因此信仰佛教；有的人在极度失意、悲伤、沮丧时，因为一句佛法，心头曙光乍现，从此虔心向道；有的人对人生的问题感到迷惑不解，想从信仰上寻求答案，因而学佛；有的则是因为疾病而感受人生无常、体会人生是苦，因此契入佛法。所以，色身有病并非绝对不好，病也是入道的因缘，有病才知道要发心，有病才知道凡事要及时办成。疾病固然给人的身体带来负面的影响，但也有其积极的人生意义。

**崇年先生：**

人得了病，固是坏事；但"祸兮福所倚"，疾病可以是老师，它告诉你：身体某个部位不平衡了，可要注意啦！及早治疗，治好了病，身体就又在健康的路上前行了。"有病方知身是苦"，"英雄只怕病来磨"，得了病，第一步要正确对待，第二步要积极地治疗，第三步要从中汲取教训。

**星云大师：**

身体有病，当然需要听从医护人员的指导，采用适当的医疗方法，例如药物治疗、饮食治疗、物理治疗、化学治疗、心理治疗，甚至民俗治疗、音乐治疗等。也有的病，只要多休息，时间就是最好的治疗剂。像感冒这种小病，很多医生都说感冒是治不好的，因为感冒的种类有一百种之多，哪里能够对症下药？所以医方只是一种安慰，如果自己懂得，感冒了，多休息、多喝水、少出门，这就是治疗。

**崇年先生：**

您说得很对，我从生活中摸索出一个道理：对待感冒的办法是——不打针，不吃药，多喝水，睡大觉。感冒用中医的说法是"内热外感"，自我调整，注意休息，就会好的。本来，一般的感冒，三五天、五七天是会好的。

有时候，其实我们的身体根本没病，但是我们疑心自己生病了，这叫"心能致病"。

**星云大师：**

我自己就有这方面的经历。在我二十岁左右的时候，有一位老师说："人常因疑心而成病，例如肺病。"我听了这句话以后，心里一直挂念着，之后有好长一段时间都笼罩在肺病的阴影下。当然，我自己也懂得调理、排遣，心里也在想："我身体这么好，怎么可能会有肺病呢？"不过多少还是受到那句话的影响。

后来到了台湾，住在中坜。有一天，有个人告诉我，西红柿可以治肺病。当时西红柿价格并不很贵，于是我买了一大箩筐的西红柿，吃过以后，我心里想：这么多的西红柿应该可以把肺病治好了吧！从此，我就再也没有想过肺病这个问题。

**崇年先生：**

有句民谚说："心能致病，也能治病。"

**星云大师：**

所以，身体上的疾病有时候是自己疑心制造出来的，所谓"心病还须心药医"，身体上的疾病，有时候只要靠自己坚强的信念、乐观的心情、适当的运动、调和的饮食，自然不药而愈。

**崇年先生：**

乐观的心态还可以增强人体的免疫力。有一次坐飞机，我旁边是一位内科医生，他认识我，我们聊天。我向他请教，为什么乐观性情会影响健康？很巧，他做过这方面的课题研究。他告诉我：人在生气、愤怒或在高兴、欢乐的时候，会分泌不同东西，直接有损于或有助于身体的健康。

**星云大师：**

增强人体的免疫力，才是最佳的保健之道。研究表明，人体上大约百分之九十的疾病，都与免疫系统失调有关。免疫系统就如一支训练有素的精锐部队，捍卫人体的健康，保护身体免于病毒的侵袭，还能清除代谢后的废物，并且修补受损的器官和组织。

**崇年先生：**

免疫力强的人不容易得病，因为他体内有足够的抗体，抵抗病毒的入侵。这也是有的人很容易感冒，而有的人不容易感冒的原因。

**星云大师：**

有了疾病，其实不必恐惧，不妨"以病为友"，所谓"兵来将挡，水来土掩"。身体有病，要找医生治疗，但最重要的是自我治疗，自己做自己的医生。自己的心理健全，就可以克服困难；自己的毅力坚定，就可以克服一切的病苦。能够从心不苦做到身不苦，那么，疾病又有何惧？

**崇年先生：**

心理健康，可防疾病。我到北京八宝山去向朋友做遗体告别，都会得到一份《×××生平》，其中多提到死亡病因。我综合四十到六十岁因患癌症死亡的，大约百分之七十长期心理郁闷不舒。有一次我为干部演讲，中间提到这件事。不料，一个人举手站起来说：我是某市的组织部长，我对所管干部因癌死亡的做过分析，百分之百都是长期心里不舒畅。不管这个数字是否精确，但说明一个问题，心理健康是防病的重要因素。

## 健康的妙诀

**崇年先生：**

大师的身体很好。您有什么保健妙诀吗？

**星云大师：**

如果说有妙诀，我的总结就是：

"吃得粗，吃得少，吃得苦，吃得亏；

起得早，睡得好，七分饱，常跑跑；

多笑笑，莫烦恼，天天忙，永不老。"

阎教授，你呢？

**崇年先生：**

我没有保健妙诀。有时筵席间主人劝酒，我回敬说："我人生四大遗憾——不喝酒，不抽烟，见了饭就想吃，头碰枕头就睡着。"

古人保健，很有经验。智者有言："凡人养身，重在衣食。古人云：'慎起居，节饮食。'"

养生之道，饮食为要。不过，人们饮食习惯，常重食而轻饮。康熙帝在这方面也有经验，他说："人之养身，饮食为要，故所用之水最切。"他平日饮用北京玉泉山的水，就是现今的矿泉水；还饮用"水蒸之露"，就是蒸馏水。

**星云大师：**

老年人的饮食，不完全和年轻人相同。

**崇年先生：**

老年人的饮食，由于消化功能减退，宜多吃清淡些、易消化的食物。康熙帝谈他的体验时说："朕每岁巡行临幸处，居人各进本地所产菜蔬，尝喜食之。高年人饮食宜淡薄，每兼菜食之则少病，于身有益。所以农夫身体强壮，至老犹健者，皆此故也。"老年人多吃新鲜蔬菜、水果，多吃清淡食品，多做适当运动，对身体健康是有益的。

**星云大师：**

你的身体也很好。

**崇年先生：**

我上世纪八十年代去美国讲学，听到不少赞扬的话，我都不记得了，只记住一句话："阎教授有旅行的天才！"我一想，有道理：无论是坐汽车、火车、飞机、轮船，从来不晕，而且想睡就睡；无论是吃中餐、西餐、冷的、热的，从不挑食、不忌口；无论是住五星级宾馆、三星级饭店，还是鸡毛小店，躺下就能入睡……譬如早年从北京到纽约，路上二十五个小时，我在飞机上该吃就吃，该睡就睡，到达纽约后，没有时差感觉，也不休息一下，立即投入工作。所以说我的身体还算可以。

**星云大师：**

一般来说，要想身体好，最好能做到"四少四多"。

**崇年先生：**

哪"四少四多"？

**星云大师：**

一是"少肉多菜"。很多人以为吃素会造成营养不良，容易饥饿，缺乏体力，事实上并非如此。佛门饮食清淡，很多出家人却非常高寿，这和他们的素食有很大关系。素食虽好，但并不是强迫每个人都吃素，只是平常吃惯了大鱼大肉，偶尔换一换青菜豆腐，既能保持胃口新鲜，也可以减少疾病。

二是"少盐多淡"。少吃一些盐，减少消化器官的负担，口味清淡，有助于延年益寿。

三是"少食多嚼"。营养过剩是现代人的烦恼，古人说食不求饱，吃饭只吃八分饱，可以保持身体的健康和头脑的清醒，如果吃得过多，则会加重胃肠的工作量，引起疾病。除了吃得少之外，还要细嚼慢咽，既可享受美味，并且有益于长寿。

第四个是"少欲多施"。把爱欲心去除一分，少贪取，少乞求；把施舍心增加一分，多给予，多慈悲。

**崇年先生：**

我有个习惯，每逢参加学术研讨会，凡是遇上八十岁以上的年长学者，总要询问他们健康养生的经验。我所问到的健康养生经验，回答各不相同，但有两点是共同的：一是心胸豁达，二是吃八分饱。

**星云大师：**

还要会睡觉、会休息，生活有节奏、有规律。

**崇年先生：**

是的。康熙皇帝总结养生祛病的经验是"节饮食，慎起居，实却病之良方也"。

**星云大师：**

会睡觉、会休息，这很重要。

**崇年先生：**

会睡觉、会休息也是保持身体健康的要诀。现代人，尤其是都市里的现代人，普遍存在睡眠质量差、睡眠不足等问题。造成这一问题的主要原因有两个：一是人们主动地限制睡眠时间，这是由社会环境造成的。如今，电视、电脑的普及将人们的入睡时间推迟了，工作和生活的压力使加班成为家常便饭，居住在城市里的人尤其如此。生活方式的改变，使得人们的睡眠时间减少了。另外，各种疾病也是导致人们睡眠不足的重要原因。焦虑、抑郁的情绪容易造成失眠，由疾病引发的疼痛、服用药物等也容易导致睡眠障碍。

前几天是"世界睡眠日"①，世界卫生组织曾公布一项数字，全球近四分之一的人受失眠困扰，每年有近八点六亿人患有失眠抑郁障碍，其中仅中国就有零点七五亿人。睡眠不足已经成为一个社会问题了。

**星云大师：**

我看这些睡眠不够理想的人，大多属于主动地限制睡眠时间的类型。

**崇年先生：**

生存压力的增大、生活节奏的加快和娱乐方式的多彩，改变了人们的生活方式，很多人不懂得休息的重要性，不明白休息恰恰是为了更好地工作，也是为了走得更远。

**星云大师：**

佛教说有四种精进力，其中一种就是休息力。因为休息就好像轮船、飞机要加油、要补给；又如军队历经了一场战役之后，也要开到后方去整编，休养生息，以便再次出发。因此，正当的休息是非常重要的。

现在，是一个"忙"的时代，是一个动员的社会，每一个人都不像当初农业社会那么悠闲。忙，固然很好，但是如果忙过了头，有碍健康，反而得不偿失！"休息"的意义，在忙过以后，给予补给。但是，休息了以后，就要抖擞着精神，迈开脚步，踏上征途，这才是"休

---

① 三月二十一日为"世界睡眠日"。

息"的主要目的!

**崇年先生:**

我认为最基本的就是两件事:一是会吃饭,二是会睡觉。我在北京大学开了一门课,那些学生个个聪明。我问他们:"你们会吃饭、会睡觉的请举手!"停顿了三分钟,没有一人举手。北京有位著名的文字学家,他前不久送我一本书。书的扉页上写着:"崇年先生指正　周有光　时年一百零三岁。"他在书中说:"现代人很多病都是吃出来的。"还有,现代青年工作忙、压力大,吃得多、睡得少,就很容易得病。会吃饭,会睡觉,慎起居,心坦荡,是保持身体健康的法宝。

# 心病还须心药医

**崇年先生:**

您刚才说过:心病还得心药医。身体病了,可以采用适当的医疗方法,比如药物治疗、物理治疗、化学治疗、饮食治疗、心理治疗等等。我们的心灵病了,同样需要治疗。

**星云大师:**

身体上的病,从医院里所谓的内科、外科、骨科、精神科、心脏科、泌尿科、耳鼻喉科等各科的名称可见一斑,老病死的毛病实在繁多。此外,心理上还有贪、瞋、痴、计较、烦恼等毛病。

身体上的疾病,即使是过去视为绝症的癌症、肺痨、败血病等,现代的医学进步,医生还是有办法治疗;然而心里的欲望瞋根、忧悲苦恼,则比较难以疗治。

**崇年先生：**

现代人的心理疾病越来越多，心理上的疾病往往比身体上的疾病更顽固。据统计，全世界每年自杀死亡一百多万人，自杀未遂、想自杀的人更多。所以，应当重视这个世界性的难题。不过，佛教的心理弘法，对这些人是有益的。

**星云大师：**

《大般若经》说："身有四病，谓风、热、痰及诸杂病；心病亦四，谓贪、瞋、痴及慢等病。"心理的病要用心理的药治疗。

疾病就像魔鬼一样，平时盘踞在我们心里，随时伺机扰乱我们。依佛教讲，八万四千烦恼就是八万四千种的病，而统领这些心理毛病的第一兵团就是"贪欲"，第二兵团是"瞋恚"，第三兵团是"愚痴"，第四兵团是"我慢"，第五兵团是"疑忌"，第六兵团是"邪见"。贪、瞋、痴、慢、疑、邪见，在唯识百法里属于六大根本烦恼。

我们心里的烦恼魔军虽然很多，但是真正的统帅只有一个，就是我们自己，叫做"我执"。我的执著统理了贪、瞋、痴、慢、疑等魔军。平常，当我们心理健全，观念正确，思想正当，心中充满慈悲智慧的时候，当然就可以"降伏其心"，就如《宗镜录》所说："驾一智箭，破众魔军；挥一慧刀，斩群疑网。"但是，如果我们一不小心，疏于防范，就像《佛遗教经》所说，心如盗贼、恶马、狂象，只要稍一纵容，心中的盗贼、匪徒就会起来造反。我们想要去除执著的毛病，必须要用"无我"的空慧，如《般若心经》所谓"照见五蕴皆空，度一切苦厄"。当"我"也能空，"法"也能空，我、法皆空的时候，百病还能不尽消除吗？

**崇年先生：**

您是从佛学来讲的。从儒学来说，就是"清心寡欲"。康熙皇帝说：

"朕自幼所读之书，所办之事，至今不忘，今虽年迈，记性仍然，此皆素日心内清明之所致也。人能清心寡欲，不惟少忘，且病亦鲜也！"其实，道家也有同样的见解。长春真人丘处机历时四年，经数十国，行万里路，到阿姆河畔见成吉思汗。成吉思汗问长生之道，丘处机答："清心寡欲为要。"成吉思汗听了很高兴，命左右书之，并训诫诸子！

**星云大师：**

贪婪的毛病要用喜舍来对治，瞋恚的毛病要用慈悲来对治，愚痴的毛病要用智能来对治，我慢的毛病要用谦虚来对治，疑虑的毛病要用正信来对治，邪恶的毛病要用正道来对治。

**崇年先生：**

贪、瞋、痴、慢、疑的确是人的五大毛病，也是致病的五个内在元素。

**星云大师：**

贪、瞋、痴"三毒"是戕害我们身心最大的敌人，我把它们做了一个比喻：心理的贪病好比是身体的胃病，害胃病是因贪吃饮食太多的缘故；心理的瞋病好比是身体的肺病，肺病能烂坏人体内部，和瞋心能坏事一样；心理的痴病好比是身体的精神病，精神病是自己理智不能做主，言行失常，痴病正是做错事的一个根源。

**崇年先生：**

这三个比喻很好。古今中外，男女老幼，都要同贪、瞋、痴"三毒"对治，时时治，事事治，处处治。

**星云大师：**

总之，要治心病，非得靠自己努力不可。就像医生开药方给病人，但不能勉强病人吃药；若病人不吃药，病就很难会好。

# 养生、养心与养性

**崇年先生：**

中国的士大夫非常重视养生，养生要"三养"，就是养身、养心、养性。

**星云大师：**

说到养生，平常要进补。此外，有的要休假，有的要旅行，有的重视康乐活动，有的甚至退休，都是为了养生。其实，现代人养生，可以运动，可以劳作，可以注意饮食，可以和大自然结合在一起。

**崇年先生：**

佛教也是很注重养生的。

**星云大师：**

佛教中的养生之道讲究：生活作息要有时，每日饮食要节制，朝夕作息要正常；时时心中要有正念、正思维，减少欲望，少贪少瞋，少嫉少恼。当然，也有人用礼拜、用禅坐、用经行，乃至用莳花植草、出坡作务，作为养生之道。

**崇年先生：**

养生，除了养身、养心，重要的是养性。养性，外向是豁然大度；内向是包容忍让。在乡里间，在同事中，鸡毛蒜皮，口角相争，不要在意，一笑了之。能忍耐，会忍耐——"天下未有过不去之事，忍耐一时便觉无事。"孔子说："小不忍，则乱大谋。"圣贤之言，是真理啊！所以，心性要宽，心性要正。

**星云大师：**

心性是人体所依的根本，若不把心性养正、养善、养好，根本不立，所谓"皮之不存，毛将焉附"？所以，人生修养心性，在儒家讲"吾善养浩然正气"，在佛教讲，岂但养生、养性，最主要的，是要明心见性。而在未达到明心见性之前，心性要柔和，心性要广大，心性要安然，心性要平和！只有如此，才有可能明心见性。

**崇年先生：**

养性的内涵，儒家定的是"格物、致知、诚意、正心、修身、齐家、治国、平天下"，目标则是人格完善，达到"止于至善"。

**星云大师：**

养生是为了健康，养性是为了完成人格。但是，养生不是为了强壮身体，好勇斗狠；修养心性也不是自我闭塞，不管国家大事。所以，一个人平常不重视自己的修养，不能养成志愿、养成勇气、养成力量、养成明理，则很容易地成为下流。

**崇年先生：**

"君子恶居下流，天下之恶皆归焉"，这是孔子的话。

**星云大师：**

自古以来，多少学问家，都希望以教育来养生、养性；许多的宗教家，也都以自我克制、扩大爱人，来表达自己养性的功夫。庐山慧远，三十年足不出庐山，以养性的功夫受人尊敬；达摩祖师九年面壁，也是修心养性，先用禅定养成克己的功夫。佛陀的弟子，随佛出家后，各自在山林水边，崖穴洞窟，修炼养性的功夫；中国的禅者，像雪窦禅师等人，在古寺丛林里陆沉多年，总希望能把养性的功夫做好，而能将来龙天推出，可以福利大众，普利人天。

养生，是形可立；养性，是心完成。有形有神，形神俱全，还怕自己不能成就完美的人生吗？

# 健康与长寿

**崇年先生：**

中国从十九世纪中期，到二十世纪中期，就是从鸦片战争以来，到一九四九年，中原地区历经百年战争，百姓颠沛流离，民生艰苦。现在，是和平时期，没有战争，大多数人衣食无忧，生活安定，越来越重视身体的健康。人们不仅希望自己健康，而且希望自己长寿。

**星云大师：**

凡是健全的、正当的、清净的、和谐的，就是健康。例如身体上的健康，这是人人能懂；此外还有心理上的健康，则有待吾人反省、注意，才能了知。

身体和心理的健康之外，还有情感上的健康、事业上的健康、财富上的健康、人我关系上的健康、宗教信仰上的健康。所以，一般人即使拥有心理上的健康，若没有以上这许多其他的健康来陪衬身体的生存，那就是人生有了缺陷，并不算是一个健康的人生。

可见，所谓"健康"，必须是身体上、心理上、精神上、事业上各方面都健康。例如，感情不健康，即使是身强力壮，也不会幸福；信仰上不健康，所信非法，也不会如意！

**崇年先生：**

您这个关于"健康"的概念很有意思。我则把它概括为"四合"，就是天合、地合、人合、己合，人与天、地、人、己都合了，也就全面地健康了。

**星云大师：**

同样，关于长寿，也不只是说肉体上能活到八十岁、一百岁，就是"长寿"了。龟鹤应该是长寿的动物；松柏千年不凋，也是长寿的植物。然而，龟鹤、松柏长寿之后，对人间的贡献究竟有多大呢？所以，除了肉体的寿命久长之外，我们还需要有言教上的长寿、工作上的长寿、名声上的长寿、道德上的长寿、智能上的长寿、和谐上的长寿。

长寿，如果只是肉体生命的延长，而无言教、工作、名声、道德、智能、和谐等精神作为生命的内涵，其实长寿也是没有什么价值的。比如彭祖，就算活到八百岁，但历史上有他贡献社会的记载吗？可见立德、立功、立言，才是真正的长寿；一如佛教的有慈、有悲、有喜、有舍，才是真正的长寿。

**崇年先生：**

《老子》说："死而不亡者寿。"长寿，有生命的长寿，也有立德、立功、立言的长寿。兼而有之，则为圣贤。

**星云大师：**

人生要活多少岁才算长寿？一百二十岁好吗？一百二十岁，走路走不动，吃东西没有牙齿，也咬不动，甚至眼睛也看不到了，你会很快乐吗？所以，高寿不是人生的意义！一百二十岁的人生没有意义，假如减少一半，活六十岁，好不好？六十岁的人生，正值事业有成，儿孙满堂，前面的人生都非常辛苦，到了六十岁，正值享受人生的阶段就结束了，实在太可惜。

人生究竟要活多少岁？这是很难一概而论的。你对人间社会没有贡献，自己也活得不很快乐，给你活两百岁、三百岁，又有什么意义呢？假如人生活得很自在、很欢喜，对国家社会都很有贡献、很有意义，活长活短，都会给人怀念。所以，对于人生究竟活多少岁，也就不会太计较了。

**崇年先生：**

人们常说：健康长寿。有长寿而没有健康，像植物人躺在病床上，于人于己，都没意思；有健康而没有长寿，英年早逝，于人于己，都是不幸。所以，既要健康，又要长寿，还要为国家、为社会尽量多做些贡献。

**星云大师：**

我们要求健康，不如求健全更好；我们要求长寿，不如求无量寿更好。因为，健康并不代表健全！地痞流氓，专做坏事的人，你说他不健康吗？百岁以上的人，不是很长寿吗？可是如果人活得再长，一生无益于社会人间，生命就没有价值。人生活多少岁并不重要，重要的是在于肉体之外，你的慈悲、功德，你的语言、事业，你有多少价值上的寿命，那才是最重要的。所以，凡是想要健康、长寿的人，对此道理不能不知，不能不注意。

崇年先生：

　　还是一句话：既要健康长寿，又要有所贡献——这才是人们的普遍期望。

# 第九篇　和合

相信不久的将来，大家必定能共同拥有一个安和乐利的人间净土。

——星云大师

历史悠久的中华民族，只要和合，没有战争，没有内乱，万众一心，和谐发展，就一定会立于世界富强文明国家之林。

——崇年先生

# 万众一心，和谐发展

**崇年先生：**

我原来分不清，你们穿的普通衣服叫"长衫"，相当于工作服或职业装；另一种叫"袈裟"，才是僧人的标志，是这样的吗？

**星云大师：**

是的。

**崇年先生：**

我不知道这事。我看见有的穿"海青"或"缦衣"的却留着长发；有的却剃发，不明白。今天才明白。

**星云大师：**

我觉得西服也好，汉服也好，服装代表的是一个人的身份，好比军人，海军有海军的服装，陆军有陆军的服装，空军有空军的服装；此外，警察有警察的服装，法院有法官的服装等。这有什么关系啊！为什么要排斥僧服呢——我是说大陆有些地方不准穿僧服上讲台。

**崇年先生：**

可能有人有一个概念，以为这是传教，不是做一项学术文化交流。这种现象，慢慢会好转的。我举一个例子，一九九二年我到台湾，那年两岸刚开放，台湾朋友送了很多书给我，当时我带了两个大箱子，里头全装满了书。结果到了广州海关说要检查，我说："请看吧。"箱子里的书都是学术的书，过关没有问题，但其中有一本书是台湾"国史馆"编的，是他们所有出版物的目录，一个小薄本。海关检查人员见上面印着"中华民国某年某月印"的字样，他说："你这本书不行。"我说："怎么不行？"他说："这个印有'中华民国'字样。"我说："它是在说明哪一年出版的，不是说'中华民国'。"他还是说："那不行！"我说："要不你没收？但你没收必须要写个没收条子，我到北京以后去告你没道理。"他说："我不没收，你给我书。"我说："我也不能给你。你要这干什么？"他说："我要拿回去请示。"要知道，那天我早上四点就起床，从淡江大学坐车到桃园机场，行李检查后上了飞机，在香港又换乘飞机，之后到了广州，都已经累得够呛了。因为头天晚上，他们请我吃饭，到了夜里三点钟才把我送回，四点钟我又急着起床赶路。这时候他拿书去请示，我又等了三十分钟，等得不耐烦了。他回来以后，不客气地说："给你！"我说："不可以这样说！什么叫给我？这本来就是我的书，怎么换成是你给我？你应该说还我，怎么是给我？"当时我态度很硬，就说："你叫什么名字，给我把姓名留下，我到了北京，找了相关人员之后，再找你！"这时他软了，就说："对不起。"到了现在，您送我您写的书，我可以带回去了！若在一九九二年，那可能有点麻烦。

**星云大师：**

我在一九八九年到北京去。当时大陆友人也跟我要书，我说我不能给你，他们就问："为什么？"我说我这个书里头"共匪"字样很多！他们听了哈哈大笑说："中国好几亿人口，哪里有那么多'共匪'？"有一次，台湾有一个老太太到北京去观光，来到天安门，她看到卫兵站在那里，就上前去说："共匪先生，请问厕所在哪里？"她在台湾称"共匪"称惯了，以为这就是一个称呼，以为这个名词指的就是大陆人。这许多事你也不能跟她计较，因为这个是历史造成的呀，普通老百姓是没有罪过啊！

**崇年先生：**

过去中国社会缺乏和谐，几千年间的战争就是斗、就是杀。特别是近百年来，战争连绵不断，人民生活蒙受苦难。人民希望和平、和谐。

**星云大师：**

历朝的分合，不要把它看得太严重。春秋五霸、战国七雄是分裂的，三国是分裂的，东晋五胡十六国是分裂的，五代十国是分裂的，后来中国衰弱，甚至到了民国军阀割据，还是分裂的。

**崇年先生：**

宋、辽、金、西夏，都是分裂的。清初与南明也是分裂的。

**星云大师：**

以佛法来说，在这个世界上，没有独立存在的东西，一切都必须在各种因缘条件的和合之下，才能存在；一旦组成的因缘没了，那么事物的本身也就无法存在，这也就是佛法所说的"缘起"道理。纵观世间上哪一个人、哪一件事物，不是彼此相依相待的呢？例如：汽车没有油怎么开？树木花草没有阳光、空气，水的滋润、灌溉，怎么能生长？人没有饭吃、没有衣服穿，又怎么生活？所以，一切的存在都要仰赖因缘关系。台湾有一首歌叫做《你侬我侬》，歌词里写的"你泥中有我，我泥中有你"，就能表现这个意思。

从"缘起"法则来看，宇宙中一切事物既然都是相因相成，众生之间也都具有同体共生的关系，那么人类就应该摒弃"弱肉强食"的概念。大家彼此互助，不分裂、不排挤，让共生在地球上的每一个人都能和平安乐地生活。这是我们应该努力追求的目标。

**崇年先生：**

《红楼梦》中也说："你中有我，我中有你。"

**星云大师：**

世界上，国与国分、地与地分，尤其是人与人分，最为危险。世界上，最难处理的问题不是贫富，不是愚智，而是种族、人际的问题。以中国来说，汉、满、蒙、回、藏是过去千百年来的情结，始终扰乱着中国的政局，难以安宁。一直到孙中山先生倡导"五族共和"，这些种族情结才慢慢获得和解。

**崇年先生：**

虽然政治处于不断的分合之中，各种类型的文化——农耕文化、海洋文化、草原文化和森林文化——也在不断地汇合，多元的经济形态更是混合而生。因此，实际上，中国的各个民族还是处于持续融合的进程之中的。

**星云大师：**

我看当今中国，有两位了不起的人物，第一个是邓小平，第二个是胡锦涛。在思想上，邓小平主张改革开放，指出了中国经济发展的康庄大道，让中国开放、进步成长、发展快速，所谓"中国崛起"，邓小平先生功不可没。第二个就是胡锦涛倡导的"和谐社会"，不但承继过去，还开拓中华文化的未来。中国十三亿人口，到处讲和谐社会，不要杀戮，不要斗争，促进人与人之间的交流，海峡两岸都很高兴，这会影响到世界和平。在这个大前提下，有无限的未来，无限的希望。

另外，关于世纪的分野，也有学者认为：十八世纪是欧洲世纪，十九世纪是英国世纪，二十世纪是美日世纪，二十一世纪将是中国人的世纪。

崇年先生：

历史悠久的中华民族，只要和合，没有战争，没有内乱，万众一心，和谐发展，就一定会立于世界富强文明国家之林。

# 和合钟声和谐音

崇年先生：

我看到佛光山大雄宝殿前的大钟上有您的一首诗：

> 两岸尘缘如梦幻，
> 骨肉至亲不往还。
> 苏州古刹寒山寺，
> 和平钟声到台湾。

星云大师：

是的。这首诗是二〇〇七年九月苏州寒山寺赠送佛光山一口和平钟时作的。当时是为了应和宗教局叶小文局长所作的。叶局长的诗是这样的：

> 一弯浅水月同天，
> 两岸乡愁夜难眠。
> 莫道佛光千里远，
> 兄弟和合钟相连。

表达对这段善因好缘的感想。当时我和寒山寺住持秋爽法师等共同签订《缔结手足盟约　永为兄弟之好》协定。

**崇年先生：**

大钟上也有秋爽法师的诗：

> 法脉同根虔诚心，
> 两岸同源一家亲。
> 佛光寒山兄弟情，
> 和合钟声和谐音。

叶小文局长的诗句"兄弟和合钟相连"，秋爽法师的诗句"和合钟声和谐音"，都提到"和合"。我记得您在著作和演讲中，多次提到并阐述"和合"的理念。

**星云大师：**

我对现实、对历史持"和合"的态度。我们佛家把人称为"众生"，意思是"众缘和合而生"。世间上没有个人单独存在的时空，一定要靠大众相互依存，个人才能存活，才能发展。历史上残暴的战争、厮杀、掠夺、焚烧，破坏"和合"；我们主张国家、民族、宗教、贫富间的矛盾，要用"和合"的精神加以调解、处置。

**崇年先生：**

历史在和合时期，就发展、就繁荣；在争战时期，就破坏、就残杀，所以我赞成"和合"的理念。

**星云大师：**

人类的文化，重在融和，不在分别。历史上，虽有残酷的战争，有无意义的死亡，但历史上，万里长城的构建，京杭运河的开凿，敦煌、云冈、龙门、麦积山等石窟里千年的雕刻、绘画等艺术，都是人类的文化瑰宝，也是伟大的文明史诗，令人一见，油然生敬。这些都是"和合"的文化菁华。

**崇年先生：**

万里长城与京杭运河的因果不同：前者是兴筑后而和合，后者是和合后而开通。其结果又相同，都是为了和合。

**星云大师：**

中华民族要和合，要光大，中华民族彼此团结统一，合而不分，这样才是有希望的。

**崇年先生：**

其实，人民愿意和合，愿意和谐，愿意和平；很多战争、厮杀是当权者挑起来的。

**星云大师：**

水能载舟，也能覆舟；众能成事，也能败事。在民主时代，讲究众议的重要，讲究集体的创作，能够和合众缘，才能成事；如果你不合众，所谓"众怒难犯"、"众口铄金"，也会把你从高位上拉下来。所以，众是非常重要的，和合众缘，才能成事，这是不容置疑的真理！

**崇年先生：**

我这个人是乐观主义者，我总是在困难中看到光明，在光明中看到灿烂。回忆个人以往的经历，同上次与您交谈的一样，我一生遇到几个大坎，之所以能挺过来，就是心理乐观，能从黑暗中窥视光明。

我认为中华民族五千年文明史说明，中华民族能团结统一，能合而不分。

**星云大师：**

大家应当携手推广"同体与共生"的理念，将慈悲、平等、融和、包容实践在日常生活中。相信不久的将来，大家必定能共同拥有一个安和乐利的人间净土。

**崇年先生：**

这是一个美好的愿望，也就是先贤向往的"大同世界"。

**星云大师：**

民谚说："兄弟同心，力可断金。"和谐才有力量，才有幸福。世界要能和平，人与人之间的和谐是关键。和谐是双方的事情，不是单一个人的事。对于"和谐"，我有四点意见：第一，亲友要和谐；第二，同事要和谐；第三，区域要和谐；第四，族群要和谐。

## 和谐世界，众缘和合

**星云大师：**

佛教的力量可以解决很多问题。我一生最大的愿望，就是希望透过佛教化导人间，建立一个没有战争、没有恶人、没有欺骗、没有恐怖的世界。自由民主诚可贵，和平安乐更重要。

**崇年先生：**

您最大的愿望，就是世界和合，众生和合。"和"与"合"是中华传统文化的一个精髓理念。《荀子》说：和则一，一则多。同样，合则一，一亦多。和合力量大，和合则共赢。"声一无听，味一无果。"一种声音让人枯燥，五音和谐才成动听音乐；一种调料令人乏味，五味和合才是美味佳肴。世界事物，都要力求：兼容并蓄，海纳百川，同中求异，异中求同。宋代哲学家张载说："有象斯有对，对必反其为；有反斯必仇，仇必和而解。"这是对中国传统文化多元一统的睿见。历史总是向着"仇必和而解"的进路前行，尽管有曲折，但是会光明。

**星云大师：**

海峡两岸和世界的和平，是我一生追求的愿景。两岸佛教的和谐、合作，是人类和谐的起点，具有很重要的意义。因此，第二届世界佛教论坛由两岸合办，并在无锡开幕、在台北闭幕，这是两岸佛教和谐迈出的有力步伐。

两岸本来就是一家兄弟，怎么能够阻隔呢？高山也好，大海也好，都不能隔断同胞手足的血缘和情谊。这次佛教论坛能由两岸共同主办，象征两岸同胞形同兄弟，未来两岸关系一定会更加密切。

另外，两岸佛教界没有"大小"问题，在"法界平等"的理念下，两岸和港、澳的寺院，都可以分别讨论教育、管理、财务、人才培养、宗教文化发展等议题，让佛教界的成就在国际舞台上发光。

**崇年先生：**

您说得对。两岸本来就是一家兄弟，海峡两岸文化同根同源，同文同种，应当互动，应当交流。我记得《老子》说："天得一以清，地得一以宁，神得一以灵，谷得一以盈，万物得一以生。"这段话富于哲理，也富有意味。

**星云大师：**

我讲一个故事。有一天，五根手指头吵架了，大家都要争做老大。拇指说："我排行第一，应该当老大，你们都要听我的指示。"食指也不甘示弱地说："民以食为天，尝食物味道时都是由我来试。"中指认为自己在中间，也是长得最长的手指头，应该由它当老大。无名指也抢着当老大，说："无名实际上是有名啊！名贵的钻戒总戴在我的身上。"小指最小，它不抢着当老大，大家都觉得它很有意思。不过它说："十指合掌膜拜时，我是最靠近菩萨的。"其实，五根手指头同在一个手掌，但各有不同的角色。五个手指头合起来是个拳头，五个手指头伸开为手掌。同体共生，和谐相处，各展所长，同德同心，总之，要众人和合，世界大同。

**崇年先生：**

您讲的这个故事，生动含蓄，富于禅理。掌上五指，都要和合。但是，光有一掌不行，俗话说：孤掌难鸣。两个手掌，和合起来，合掌虔敬，才有力量。我说过，要"四合"，天合、地合、人合、己合。《庄子·天道篇》说："与人和者，谓之人乐；与天和者，谓之天乐。"我用这句话，来做个引申：与天合者，谓之天乐；与地合者，谓之地乐；与人合者，谓之人乐；与己合者，谓之己乐。天下万事，和合为贵。愿世界和谐，愿众生和合，共建一个涅槃的、至善的、和平的、大同的世界！

# 附 录

# 《百年佛缘》读星云大师

阎崇年

　　欣喜拜读觉培法师寄来星云大师的《百年佛缘》，全书十五册，分为生活篇（两册）、社缘篇（两册）、文教篇（两册）、僧信篇（两册）、道场篇（两册）、行佛篇（两册）、新春告白（两册）和别册（一册），总计五千一百八十七页，二百三十二万三千七百七十六字（以每页十四行、每行三十二字的计算机统计），浩浩洋洋，博大精深。

　　星云大师的《百年佛缘》丛书，系统地、分类地、全面地记述了星云大师近九十年来的思想、言论和行迹，感人肺腑，震撼人心。这使我回忆起我的佛缘。

　　我的祖母信佛，每月初一和十五吃斋。有时自己坐在炕上默默念祷。她一生的中心信条是"善"——敬善，心善，行善，积善。所以我们家的堂号是"敬善堂"。我上小学时是日伪时代，日军扫荡，日机轰炸，四处躲藏，不得安宁。尔后，三年内战，土地改革，扫地出门，也不安宁。稍大一些，上中学后，讲无神论，铺天盖地，但祖母给予的善心依然蕴藏在我的心底。"文革"期间"打砸抢"的恶行，自然在心灵上格格不入。我虽然对佛学毫无研究，但因为我是学历史的，于佛教历史和佛家人物，稍有留心，略知一二。

　　我与星云大师结下佛缘是在二〇〇八年。这一年初春，星云大师派满耕法师到寒舍，送来星云大师签名的《云水三千》，并转达大师邀请我到台湾访问和讲学的盛意。不久，四月三十日，星云大师到京，在大会堂会见全国政协贾庆林主席后，约我到国家大剧院见面。这是我第一次见到星云大师。星云大师邀我到台湾佛光大学做客座教授。不久，我到了佛光大学。适逢在佛光大学体育馆举行"国际功德主大会"，我再次会见星云大师，并有幸聆听了星云大师的开示。这里有一件事，使我印象深刻。慈容法师在这次会上传达了一个信息：星云大师在南京机场，刚要登机，飞机驾驶员跪在星云大师面前迎接，表示对大师的景仰与崇拜。

佛大讲学期间，我到了佛光山。在佛光山丛林学院前突兀的巨石上，我看到镌刻着星云大师首创、题书的院训，四个大字是悲、智、愿、行，言简意赅，字字珠玑。这是星云大师禅理与禅行的真实概括。我拜读大师的著述，了解大师的行迹，认为星云大师是一位大慈悲、大智慧、大心愿和大践行的大和尚。

星云大师是一位大慈大悲者。佛家讲慈悲，儒家讲仁爱，耶家讲博爱，共同之点，就是善，就是爱。大师大爱，惠及我家。我到佛光大学的第二天，得到家里的电话，孩子在美国生病。陪我吃饭的法师从我接电话的神色，察知我碰上危难之事。很快星云大师派在美国纽约道场的住持觉永法师，前往医院看望，并在道场祈愿。随后我到过台湾的很多道场，都在为我的孩子祈愿。星云大师的大慈大德，令人敬仰！后孩子痊愈，我带他到宜兴大觉寺，向星云大师合十敬谢！

星云大师既是大慈悲者，更是大爱国者。我参访佛光山，住朝山会馆。一天，星云大师在传灯楼见我。星云大师说：我平常不看电视，一次偶然打开电视，看到你在中央电视台《百家讲坛》讲袁崇焕。你讲袁崇焕的爱国精神，感动了我这个八十多岁的老和尚。你讲的袁崇焕，很感动人，事理圆融——没有故事，光有道理，不深刻；光有道理，没有故事，不好听。有故事，有道理，事理圆融，深刻好听。我从走上《百家讲坛》到现在已经十年，电台、电视、报纸、杂志、口碑、信函等各种形式的评论，惟星云大师的"事理圆融"四个字，全面、晓明、深刻、精粹。后来，在扬州讲坛，在其他各处——从高雄、台南、台中、台北、基隆、淡水，一直讲到三重，我演讲的一个中心点，就是星云大师的"爱国"二字，弘扬中华先贤的爱国精神。为宣扬爱国精神，星云大师提出，我在《百家讲坛》讲的《康熙大帝》，在台湾人间卫视上播出。本来《康熙大帝》光盘是有偿转让的，中央电视台和国台办尊重星云大师的建议，特批免费赠送，得以在台湾同广大观众见面。后来星云大师几次要我讲中国的"士"，我说不好讲，大师说讲他们的爱国精神。我要按着大师的开示，完成这份未完的作业。

星云大师是一位大智大慧者。佛光山丛林学院院训的悲、智、愿、行，将"智"列在第二位，而儒家讲"仁、义、礼、智、信"，却将"智"列在第四位。我问为什么？慈惠法师在旁替星云大师诠释说：佛家认为智慧重要，人的很多错误，有的不是没有慈悲心，而是缺乏智慧。"佛"，为梵语音译的略称，汉语译意为"觉者"，含有智慧之意。星云大师是一位大智大慧者。他的著述不仅是等身，而且是超身。星云大师的著述超过百种，字数则以千万计。我在佛光大学和南华大学期间，粗学《佛光教科书》（十二册），从中获益，可谓匪浅。在佛光山期间，把星云大师跟我谈话的录音，共同整理成《合掌录》，作为星云大师智慧的雪泥鸿爪，在北京九州出版社出版。二〇一一年一月，我应台湾联合报系邀请，在台北原国民党总部大厦礼堂做清史演讲。星云大师得知后，先邀请我到台北市松山道场共进晚餐，又主动提出和我同台对话演讲。三十日，在我们的对话中，星云大师的慈悲和睿智，博得听众，阵阵掌声。

星云大师是一位大心大愿者。一个人要有志向，儒家叫立志，佛家叫发愿，都是要有高远博大的心愿。项羽有观秦始皇游会稽、渡浙江发出"彼可取而代之"的狂愿，刘邦有斩白蛇起兵的雄心，司马迁有"究天人之际，通古今之变，成一家之言"的宏愿，张横渠则有"为天地立心，为生民立命，为往圣继绝学，为万世开太平"的胸怀，而星云大师一生的心愿是："我要把一个和尚做好！"这是既平实又博大的心愿。星云大师把"一个和尚"做到了台湾，做到了大陆，做到了亚洲，做到了世界，一句话——做和尚做到了极致。

星云大师是一位大践大行者。人，不仅贵知，而且贵行。星云大师的弘法脚步，在台湾，在大陆，在亚洲，在世界，一雨伞，一瓦钵，提倡、弘扬、发展、践行人间佛教。我在同星云大师由高雄到台中的路上，星云大师谦虚地让我给他讲清史，他却给我做导游，讲说他当年夹着雨伞，穿着草鞋，走遍海岛的村庄市镇，为民造福解忧的行迹和故事。在佛光山，我亲莅一次万人水陆法会，连续七天，没有警察，没有保安，万人如一，秩序井然。散场时，我看着表，三十分钟，清场完毕。整个场地，没有一张废弃纸片，没有一个矿泉水瓶，洁净如洗，令人观止。我参加过多次大型集会，如此之整肃，如此之自觉，震撼我的心灵！这是星云大师不仅重佛理，而且重禅行的一个范本。星云大师泛爱众生———切都爱的博大情怀，受到世人和后人的尊敬和颂扬。

星云大师的爱，可谓大爱无疆。苍天之下，后土之上，四海之内，众生万物，所有星云大师的信众，都沐浴着他的慈悲和大爱。星云大师自己说，他是一位"无产者"——一无家室子女，二无不动资产，三无银行储蓄，四无箱柜锁钥，顶天立地，孑然一身。星云大师以无为有、以空为色，以有为无、以色为空，创建二百多座道场，创办西来、佛光、南华、南天等多所大学，以及中学、小学和幼儿园，还有电台、电视台、报纸、杂志、医院、图书馆、滴水坊和出版社等，有一千余比丘和比丘尼，以及国际佛光会海内外数以百万计的信众。星云大师一天工作四个单元，一周工作七天，一年工作三百六十五天，人生三百年，心身为众生。

星云大师是我敬仰的一位大慈大悲、大智大慧、大心大愿、大践大行的好和尚、大和尚。

【题记】本文载于星云大师著《百年佛缘》第十六册《名家看〈百年佛缘〉》，佛光出版社，二〇一三年。

# 惟善为宝　止于至善

阎崇年

二〇一五年四月十五日，在北京人民大会堂，举行了一场隆重而热烈的盛会，就是星云大师任总监修的《献给旅行者365日》，由人民出版社正式出版发行。我有幸参加了这场文化盛会，也聆听了星云大师的开示。

星云大师是一位大智慧者。年近九十的星云大师，头脑清晰，思维敏捷，一席讲话，语惊四座。星云大师说：我是扬州人，十二岁出家，后来到了台湾。我最近看了康熙《扬州府志》。《扬州府志》记载，扬州在《禹贡》里被列为九州之一，台湾也属于扬州。原来，我在台湾六十多年，还没有离开扬州！（掌声）我在台湾六十多年，更没有离开中国！（掌声）

星云大师是一位大慈悲者。他少年出家，孑然一身，一无子女、二无房地、三无存折，一不吸烟、二不喝酒、三不茹荤，心中充满了慈悲和仁爱。慈悲和仁爱凝聚为善。全书灵魂，突出"善"字。儒的仁爱、耶的博爱、释的慈悲，其共同之点都是"善"。它们之间，也有不同。儒家的爱，爱君子而不爱小人；耶家的爱，博爱万民而未及万物；而释家的爱，既爱黎民，也爱众生。这怎么讲？

一次，我和星云大师说：我的祖母信佛，从小教育我们要爱惜一切生命，要是蚊子叮你，可以把它轰走，而不要将它打死，因为那也是一条命啊！星云大师说："蚊子叮人，固然有罪，但罪不至死！"佛家的慈爱，是泛爱众生。一切生命都要爱，这也就是善。孔子说："己所不欲，勿施于人。"自己不愿意的事情，不要强加于别人，这自然是善的，但仅限于人类，而不惠于他类。佛家呢？佛家的禅意是：自己不愿意的事情，既不要强加于人，也不要施于他类，自然也包括蚊子。所以，我说"己所不欲，勿施于蚊"，既要爱人民、爱生命，也要爱天地、爱自然。

曾经有段时期，爱，被赋予阶级性，是阶级的爱。如说："大观园里的焦大是不会爱林妹妹的，因为他们不是一个阶级。"慢慢地，年岁大了，阅历多了，知识广了，思考深了，心也就自然大了。心大要大到无边无岸，无涯无际。在这里，佛家提供了思想的灵光。

《献给旅行者365日》一书，我浅学后，初步统计，共收录三百二十九位先生的六百七十一篇（首）短文、警句、诗词、联句、家训、故事等，按一年三百六十五日顺序编排，供人生旅行者来阅读。

我读《献给旅行者365日》，从中学到的是：学善、言善、心善、行善，惟善为宝，止于至善！

我读《献给旅行者365日》，滋养禅心，培育善心。禅心就是善心，就是大仁大爱之心、大慈大悲之心——爱人、爱物，爱大地、爱江河，爱山峦、爱海洋、爱草原、爱森林，爱空气、爱自然，爱星空、爱宇宙。对地球上的动物和植物，对宇宙间的有机物和无机物，对一切有生命的和无生命的，都要敬，都要爱，都要善！

# 后　记

　　今年是星云大师九十周岁华诞，也是星云大师慈悲弘法步入第八十年。星云大师是我敬仰之人，为什么呢？我想起了曹雪芹《红楼梦》开篇的《好了歌》：

　　　　世人都晓神仙好，惟有功名忘不了！
　　　　古今将相在何方？荒冢一堆草没了。
　　　　世人都晓神仙好，只有金银忘不了！
　　　　终朝只恨聚无多，及到多时眼闭了。
　　　　世人都晓神仙好，只有娇妻忘不了！
　　　　君生日日说恩情，君死又随人去了。
　　　　世人都晓神仙好，只有儿孙忘不了！
　　　　痴心父母古来多，孝顺儿孙谁见了？

　　世俗的功名、金银、娇妻、儿孙，既然存在，必然合理。然而，这在佛门，如何对待？星云大师——一生戒荤茹素，没有个人财产，内无家室子女，外无良田豪宅，常人长生百年，他却"人生三百"，一生著述数册已属不易，大师之作却是数以百计。如此身心明澈、慈悲为众生者，纵观世上，曾有几人？我不提倡人人抛弃俗事，而是换个角度思考精神。在人世，在当下，要修养高尚的精神，以约束贪婪的言行。所以，我崇敬星云大师。

　　缘于此理，还有一层。敬重佛家，学点佛学，于历史学者，颇具有深义。历史学家，知识要宽，阅历要广，思考要深，视野要远。新中国培养出来的历史学者，观察和研究问题，除主流方法论外，还应从不同视角——儒家、道家、佛家、耶家等，考往昔盛衰，究历史兴替。这样，观察和研究历史，距真实会更接近些，离真理会更亲切些。

早在二○○八年，我应星云大师之邀，到台湾访问讲学。有幸聆听星云大师开示，同桌共餐对谈。先后十五次会见，八次共餐，最长一次达十二个小时。多次谈话录音，做了认真整理。翌年，《合掌录》由九州出版社问世。

二○○九年，我再应星云大师之邀，到台湾讲学。在南华大学，接受陈淼胜校长颁发的聘书，任南华大学历史学系暨历史研究所客座教授。讲授《清史通论》，计入学分。课程结束后，经考试、阅卷、评定成绩，而后返回北京。

二○一一年一月二十四日，我应台湾联合报系邀请到台北，参加文化交流活动。星云大师听说我到台湾，专乘火车从高雄佛光山到台北。二十九日（星期六）晚，星云大师在佛光山台北松山道场，邀请我和夫人共进晚餐。慈惠法师、慈容法师、觉元法师以及《联合报》负责人杨仁烽先生等作陪。见面时，我送星云大师由台北联经公司出版的繁体字本《康熙大帝》，和从北京带去的"全素斋"点心一盒。星云大师将手珠分别戴在我和夫人的手腕上。星云大师又送我新出版的《成就的秘诀》一书。原定第二天上午，我在"张荣发基金会大楼"（原国民党总部大厦）礼堂做清史演讲。星云大师得知后，主动提出和我同台对话演讲。三十日（星期日）上午，在面对千人的对话中，星云大师的慈悲和睿智，博得听众，阵阵掌声。对话后，我接受人间卫视的采访。

《合掌录》出版，时间匆过八年，原书早已告罄。读者求索，希望再版。

二○一六年，在人民大会堂、国家博物馆、中国紫檀博物馆和光中文教馆，我先后四次同星云大师晤面，都谈到《合掌录》增订出版之事，星云大师都欣然支持。

《合掌录》（增订版）于原书有十一处增订：新增星云大师序一篇、书法一帧、星云大师同我合影一幅，增加拙文两篇，补充文字若干，新补《十修歌》，结构略作调整，添加一篇《后记》，末附《编辑感悟》，修订文字多处，印装更加精美。

本书由九州出版社李勇副社长担纲编辑，并有王文湛编辑。

本书增订出版，得到佛光山慈惠法师、慈容法师、妙广法师、如超法师、妙印法师、妙圆法师、北京光中文教馆慧得法师等的关心和支持；得到中国紫檀博物馆馆长陈丽华先生的关心与支持；也得到雅昌彩色印刷公司万捷先生和殷冠女士的支持。

本书尚未付梓时，山东烟台丰金书院李林才院长得知书讯，即行预购，自有之外，分赠友人，弘扬中华传统文化。

而关于本书的定名，也有必要交代一下。二〇〇九年书稿初定后，时在佛光山，我同诸位法师、贤达，共拟书名二十余个，但确定不下来。请教星云大师，大师对曰："众人商定为宜。"此后，我带着书稿回到北京，同九州出版社领导、编辑，同亲朋好友，再经反复推敲，仍然难以决定。尔后，在家庭议论时，犬子阎天插话："叫'合掌录'——海峡的此岸与彼岸、文化的佛家与史家、社会的弘法与传史，合掌相聚，对谈记录。"我和夫人当即赞成。这个书名，在此岸，朋友赞成；在彼岸，也都赞成。请教星云大师，回答更是"赞成"！此次增订出版，《合掌录》书名不变，但标明"增订版"。

我对所有关心和支持本书编辑、出版、发行的法师和朋友，双手合十，敬致谢意！

丁酉来临，恭祝诸位——

鸡年吉祥，"名声天晓"！

阎崇年 合十

二〇一七年一月一日

# 《合掌录》（增订版）编辑感悟

　　十一月二十二日，阎崇年先生来电话告诉我，星云大师的一幅亲笔作品已可进行扫描制作。这意味着《合掌录》（增订版）一书的相关插页均已落实，可以出版了。同时，阎先生叫我到其府上，一起研究此书的有关出版事宜。

　　《合掌录》是阎崇年先生和星云大师的对话录，是一部别开生面的著作。该书初版于二〇〇九年，由时任九州出版社副社长黄宪华女士策划选题，并与郑闯琦先生和周春女士共任责编。此次应作者要求，增补内容，重新编排，是为"增订版"。目前，付印前的工作都已做好，而按我们的希望，最好能有星云大师的亲笔作品作为插页，再行付梓。但星云大师此时已在海峡对岸的医院中，不便打扰。阎先生得知此事，非常关心，亲自与佛光山方面联系，又拿出自己收藏的星云大师所赠手迹供我们使用，直至帮助我们落实相关制作单位。阎先生这种严谨细致的负责精神令我们很受感动。

　　星云大师和阎崇年先生早已是享誉海内外的大师、大家。此前我们对星云大师的作品已读过不少，受益多多。阎崇年先生更是多年来给我社以关心支持，集其几十年治史心血的精粹之作《阎崇年自选集》今年三月刚由我社出版，我和曹环女士有幸作为此书责编。今年夏天，阎先生的新作《康熙帝大传》由中华书局出版，甫一问世，阎先生便签名赠我。先生治史，有古史家之风，无论巨细，力求言之有据，且分析辩证，说理透彻。每读其书，不仅增知长智，且能醒脑提神。此次又遵阎先生之命，与王文湛先生一起作《合掌录》（增订版）的责任编辑，自是又一次难得的学习机会。

这部《合掌录》（增订版）共分九编，约十五万字。在此书中，两位大师联系自身经历，谈人生，探治学，讲修养，论事业。如切如磋，如琢如磨；推心置腹，娓娓道来。有个人悲欢，有家国情怀，可见世事盛衰，可感风云变幻。两人虽境遇不一，而根脉同体，共植于中华文化之沃土；出世入世亦有所区别，然殊途同归，皆盼中华民族之振兴，同望众生幸福、天下太平。

作为责任编辑，与其说编辑此书，不如说亲聆教诲。学习其文，如听大师弘法，硕儒讲经，仁者宣德，智者授业，尊师释疑，长者解惑。能为此书的编辑出版做好服务，无论对我们九州出版社，还是对我和文湛来说，都是难得之缘。

人生在世，谁无烦恼？求学寻路，岂尽通途！细读、深悟此书，似觉清风阵阵，白云悠悠，七弦泠泠，莲华朵朵。澹泊、宁静，不期然而自至矣！

至于中华文明源远流长，两岸一家岂能隔断，则是更高层次之伟大事业。两位大师以耄耋之年，仍孜孜矻矻，致力于中华文明之传承，两岸一家之团聚，其心之诚，其志之坚，又岂是一书一文所能尽哉！

作为晚生后辈，感动、景仰之余，亦在此衷心"合掌"——祈星云大师福寿康宁，祝崇年先生健笔凌云！盼两岸一家早日团聚，望中华民族伟大复兴之"中国梦"，步步得圆！

心有所感，谨以为记。

李勇 谨识 于九州出版社

二〇一六年十二月一日

**图书在版编目（CIP）数据**

合掌录：阎崇年对话星云大师 / 阎崇年，星云大师
著. -- 增订本. -- 北京：九州出版社，2016.12
ISBN 978-7-5108-5002-8

Ⅰ．①合… Ⅱ．①阎… ②星… Ⅲ．①社会科学－文
集 Ⅳ．①C53

中国版本图书馆CIP数据核字(2016)第323183号

## 合掌录：阎崇年对话星云大师（增订版）

| | |
|---|---|
| 作　　者 | 阎崇年　星云大师　著 |
| 出版发行 | 九州出版社 |
| 书名题字 | 阎崇年 |
| 责任编辑 | 李　勇　王文湛 |
| 地　　址 | 北京市西城区阜外大街甲 35 号（100037） |
| 发行电话 | （010）68992190/3/5/6 |
| 网　　址 | www.jiuzhoupress.com |
| 电子信箱 | jiuzhou@jiuzhoupress.com |
| 印　　刷 | 三河市九洲财鑫印刷有限公司 |
| 开　　本 | 700 毫米 ×1000 毫米　16 开 |
| 印　　张 | 16.25　彩插 12P |
| 字　　数 | 209 千字 |
| 版　　次 | 2017 年 3 月第 1 版 |
| 印　　次 | 2017 年 3 月第 1 次印刷 |
| 书　　号 | ISBN 978-7-5108-5002-8 |
| 定　　价 | 48.00 元 |